La Escuela de Salamanca

JOSÉ CARLOS MARTÍN DE LA HOZ
LEÓN GÓMEZ RIVAS

La Escuela de Salamanca

Cuando el pensamiento español iluminó al mundo

TERCERA EDICIÓN

SEKOTIA

SEKOTIA
www.sekotia.com
@sekotia

Primera edición: marzo de 2025
Primera reimpresión: octubre de 2025
Segunda reimpresión: abril de 2026

Sekotia • Colección Biblioteca de Historia
Editor: Humberto Pérez Tomé Román
Maquetación: Miguel Andréu

info@almuzaralibros.com
Parque Logístico de Córdoba. Ctra. Palma del Río, km 4
C/8, Nave L2, nº 3. 14005 - Córdoba

Imprime: Gráficas La Paz
ISBN: 978-84-19979-94-0
Depósito legal: CO-334-2025
Hecho e impreso en España - *Made and printed in Spain*

Índice

PRÓLOGO

Madrid, a 28 de febrero de 2025

Con ocasión del quinto centenario, que se cumplirá el año próximo (2026), de la obtención de la Cátedra de Teología en la Universidad de Salamanca por parte del insigne burgalés Francisco de Vitoria (1483-1546), los profesores José Carlos Martín de la Hoz y León Gómez Rivas nos brindan una obra sobre la Escuela de Salamanca y este prolijo autor, probablemente el iniciador de la misma.

En el Centro Diego de Covarrubias no hemos querido dejar de contribuir, material y espiritualmente, a este trabajo tan entroncado en el fondo con la figura de quien tomamos nuestro nombre: Diego de Covarrubias (1512-1577). Máxime porque no podemos hablar de vidas paralelas, aunque se desarrollaran en muchos aspectos en el mismo espacio y, en ocasiones, coetáneas, pero sí de vidas consecutivas enlazadas con el testigo que el primero, en cierto modo, pasa al segundo, tal y como pasa en las carreras de relevos.

Diego de Covarrubias se formó en Salamanca, donde ingresó para tal fin en 1527, un año después del acceso a su cátedra por parte de Francisco de Vitoria. En 1540, el toledano obtendría su

Cátedra de Prima en la misma universidad. Así que, durante casi veinte años, apenas unos metros, los necesarios para pasar el testigo del conocimiento, ambos autores corrieron juntos en el estadio, tal y como pasa en las competiciones apuntadas.

Y esta competición no se desarrolló ni en un estadio menor, la Universidad de Salamanca, ni en el marco de unos juegos menores. Porque la Reforma Protestante, iniciada con la publicación de sus noventa y cinco tesis en 1517, así obligó tras las discusiones que siguieron en los años siguientes al *sprint* final del Concilio de Trento (1545-1563) por parte del equipo católico, del que formó parte en sus últimos metros (1562-1563) Diego de Covarrubias. No cabe duda de que fueron dos buenos relevistas, Vitoria y Covarrubias, que no se desviaron de su calle, la de la razón, y alcanzaron, por tanto, la meta de la Verdad, en una concurrencia de contendientes que resultó más que olímpica.

Nos interesan, en el Centro Diego de Covarrubias, todos los fotogramas de tan larga carrera en lo humano y tan corta en la historia. Especialmente aquello que nos define como institución y a lo que estos autores prestaron especial atención: la dignidad del hombre, la defensa de la economía de mercado y la de la propiedad privada.

Ya en 1517, mientras estuvo en la Sorbona, Vitoria hubo de plantearse, a instancias de comerciantes de Amberes, la moralidad de la actividad mercantil, tan denostada erróneamente en algunos ambientes sociales y eclesiásticos, y de sus consecuencias: el enriquecimiento personal que se manifiesta en la propiedad privada adquirida como consecuencia de su ejercicio. Propiedad que solo puede ser legítima si se adquiere conforme a pautas morales, pues, de otro modo, no deja de ser algún tipo de latrocinio. Covarrubias defendió que el derecho de propiedad no solo se extendía al propio bien adquirido, sino a los frutos o rendimientos del mismo, pues de otro modo no tienen sentido los esfuerzos dedicados a su consecución.

El ejercicio de la acción humana como modo, único, de resolver sus problemas materiales está en el mandato del Génesis: «Creced, multiplicaos, llenad la tierra y sometedla; dominad los peces del mar, las aves del cielo, los vivientes que se mueven sobre la tierra». Y no es un mandato colectivo, sino individual, a cada uno de nosotros, como todos los que vienen del Altísimo. El Creador nos dio los medios, pero no los resultados; a lo más, un pequeño capital circulante en forma de frutos silvestres con el que se iniciaron los recolectores. A partir de ahí, todo es esfuerzo, ingenio y contención.

El esfuerzo y el ingenio, que Dios puso en el hombre, aplicados sobre los medios naturales mejoraron, no cabe duda de la situación de éste. Pero hizo falta algo más: la contención, fruto de la templanza, para llegar al modo de producción capitalista que tanto ha hecho crecer material y espiritualmente a la humanidad y que ahora los apóstoles del decrecimiento, con sus políticas de la pereza y del consumo inmediato, o gula, pretenden socavar. Solo este pequeño catálogo de las virtudes que adornan a una u otra postura nos indican quién está detrás de las mismas.

Es por eso que, para nosotros, en el Centro Diego de Covarrubias, es una satisfacción asistir a esta obra de los profesores Martín de la Hoz y Gómez Rivas, sobre el estadio, la Escuela de Salamanca, en el que Francisco de Vitoria inició una carrera exitosa, cuyo testigo fue recogido por Diego de Covarrubias hasta la meta final. Necesitamos ahora, tal vez no nuevos corredores, pero sí aedos que, como en la Grecia clásica, nos relaten las grandes gestas de los antiguos héroes. No cabe duda de que los dos autores lo han sido.

RUBÉN MANSO OLIVAR

Presidente del Centro Diego de Covarrubias

www.centrocovarrubias.org

PREFACIO

En el año 2026 se celebrará el quinto centenario del comienzo del magisterio del dominico Francisco de Vitoria (1492-1546) como catedrático de la Facultad de Teología de la Universidad de Salamanca y, por tanto, del inicio de lo que se ha denominado Escuela de Salamanca o también —más recientemente— Escuela Ibérica. En estas páginas vamos a ofrecer una visión algo diferente sobre el pensamiento y los autores de aquella segunda escolástica salmantina: más allá de un descriptor histórico al uso, hemos preferido sugerir otras cuestiones más fundamentales en torno a la filosofía y teología católicas que impregnaron la España y Europa de nuestro Siglo de Oro.

Agradecemos a la editorial Sekotia que nos haya brindado la oportunidad de publicar una síntesis apretada de la personalidad y de la sabiduría del maestro salmantino, así como una caracterización de las aportaciones de la Escuela de Salamanca a la historia del pensamiento.

Tal y como está planteado, este libro puede ayudar a estudiantes universitarios o a estudiosos del mundo del derecho, de la historia o la economía, a descubrir a Vitoria y comprobar que sus ideas continúan influyendo en muchos campos del pensamiento, especialmente en la teología, el derecho internacional, la economía o la filosofía política.

Hemos procurado redactar este trabajo siguiendo el estilo de la editorial Sekotia, y en concreto de su colección Biblioteca de Historia: es decir, textos de buen nivel intelectual pero escritos con agilidad, breves, sin notas a pie de página, ni extensas citas o bibliografías exhaustivas.

Precisamente, por haber comenzado la Escuela de Salamanca con el magisterio y las clases de Francisco de Vitoria, deberemos referirnos en la introducción al ambiente humanista y renacentista que iluminaba las aulas de la universidad más importante de España en el siglo XVI.

Asimismo, deberemos recordar el clima de reforma espiritual que se respiraba en España promovido por los Reyes Católicos y el cardenal Cisneros, quienes se habían propuesto sacar a la Iglesia católica de la postración en que se encontraba mediante la reforma de las órdenes y congregaciones religiosas, del clero secular, las hermandades y cofradías o del pueblo cristiano en sí. Como repetiremos, la Escuela de Salamanca tuvo un gran aprecio por la dignidad de la persona humana, sin distinción entre hombre o mujer (pues ambos son igualmente hijos de Dios). Además, podríamos añadir que en la reforma de las órdenes religiosas —que sería el primer paso para la tan necesaria renovación de la Iglesia—, Cisneros se encargó de las congregaciones masculinas; mientras que de las femeninas lo haría directamente la reina Isabel, junto a otras mujeres de talla universal como fue santa Teresa de Jesús.

En ese clima de renovación y reforma aparecen Francisco de Vitoria y sus discípulos Domingo de Soto, Melchor Cano, Domingo Báñez y tantos más, quienes llevaron la teología y el derecho canónico a su esplendor. Fruto de esa teología *fuerte* vendría la mística del Siglo de Oro de las letras españolas, muy valorada en el mundo entero. Y todo ello cuajará en la reforma católica que se vertebrará en el Concilio de Trento y cuyo eco ha continuado hasta el Vaticano II como tendremos ocasión de estudiar.

A su vez, las ideas de Vitoria y sus discípulos respondieron a los problemas cruciales de su tiempo: el descubrimiento de América, la ruptura de la unidad de la Iglesia en varias confesiones, la reforma de la Iglesia, el Concilio de Trento, la primera globalización de la economía o las hambrunas en las grandes ciudades de Europa.

Madrid 1 de noviembre de 2024
José Carlos Martín de la Hoz
León Gómez Rivas

INTRODUCCIÓN

La necesidad de la reforma de la Iglesia es un tema recurrente desde los comienzos del cristianismo, tal y como puede observarse en las epístolas de san Pablo o en los Hechos de los apóstoles. Enseguida, ese concepto de la Iglesia siempre necesitada de volver a los orígenes, al cristianismo primigenio, pasará a la primitiva literatura cristiana, como se puede colegir de la lectura del Pastor de Hermas o en la carta del santo padre Clemente a la comunidad de Corinto a finales del siglo I.

Igualmente, ese concepto de reforma ha quedado especialmente unido a la etapa en la que la Iglesia obtuvo la libertad, durante el reinado del emperador Constantino en el primer tercio del siglo IV, cuando la situación cambió radicalmente al pasar los cristianos de ser periódicamente perseguidos a poseer carta de naturaleza y libertad de movimientos. La entrada masiva en la Iglesia de miles de personas de toda clase y condición en muy poco tiempo, sin apenas preparación bautismal y sin la debida atención personal, produjo una caída en la calidad espiritual: de la Iglesia doméstica se pasó la Iglesia masificada, con muchos analfabetos y pocos libros.

La historia de la Iglesia es la historia de las sucesivas conversiones de los cristianos, y de la búsqueda para construir juntos una sociedad humana y cristiana que lleve a sus súbditos a la salvación, como dice la primera ley del libro de las Partidas vigente en España desde el siglo XIII, tras su promulgación por el rey Alfonso X el Sabio.

Precisamente tras el Concilio de Constanza en 1413, se hablaba en todo el orbe católico de la inaplazable reforma de la Iglesia, *in caput et membris,* en la cabeza y en los miembros. Es decir, que la reforma de la Iglesia en el papado, los obispos, el clero secular, órdenes y congregaciones religiosas y pueblo cristiano era improrrogable.

Era necesaria una coherencia entre la fe y la vida para que el mensaje fuera creíble y, así, el humanismo y el renacimiento que estaba llegando a las universidades y a las cortes reales de todos los países de Europa, estaba poniendo en el centro de la sociedad la imagen de un cristianismo sincero y humano.

A la vez, había muchos síntomas de una fe debilitada por las miserias humanas especialmente en la «Corte Romana», donde en algunos pontificados estuvo llena de mundanidad y de arte refinado, con excesivas fiestas. Había desgraciadamente abundantes sedes episcopales abandonadas en manos de los cabildos, con órdenes y congregaciones religiosas en las que la regla correspondiente se vivía de modo muy relajado; asimismo había abundante clero concubinario, sobre todo en zonas rurales y, finalmente, una cristiandad en la que abundaba «una fe fuerte y una vida rota».

Se propusieron tres soluciones a la improrrogable reforma de la Iglesia: la de inspiración luterana, la humanista y una mal llamada «contrarreforma». Sabemos que ninguna de las tres llegó a triunfar, sino que fue la posterior reforma católica, que se inició en España y que desembocó en la Escuela de Salamanca, la que llevaría al Concilio de Trento las verdaderas respuestas, como se desarrolla en el capítulo correspondiente de este trabajo.

Recordemos entonces las tres respuestas que se produjeron en Europa durante esa época, pues nos proporcionarán el marco histórico más adecuado para poder entender el origen de la Escuela de Salamanca, que es la materia central del libro que deseamos entregar como preparación del V Centenario del magisterio de Francisco de Vitoria en aquella universidad.

Lutero (1483-1546)

La primera fue la propuesta luterana, que comenzó queriendo reformar la Iglesia de su tiempo, y terminaría por reformar la fe cristiana y transformarla en un montón de confesiones en Alemania y gran parte de Europa. Como afirmaba el superior general de los agustinos en 2017, en el aniversario de las llamadas «Noventa y cinco tesis de Wittenberg», Martín Lutero habría roto la unidad de la Iglesia y habría dejado sin la fuerza y el consuelo de los sacramentos a millones de cristianos con el paso de los siglos.

Indudablemente, los informes que llegaron entonces a la Santa Sede mostraban una honda preocupación, pues Lutero exageraba tanto la fe fiducial que exigía al creyente para salvarse, que eliminaba el magisterio de la Iglesia, la tradición apostólica, los sacramentos, la lucha ascética, las devociones a la Virgen o a los santos y terminaba por dejar solo al hombre con Dios y con la Sagrada Escritura.

Martín Lutero y, sobre todo, Felipe Melanchton (1497-1560) —quien redacto la Confesión luterana de Augsburgo—, rompieron todas las mediaciones señaladas: magisterio, tradición o sacramentos. Lutero dejó al cristiano sin la teología, la liturgia y una ascética de la virtud; es decir, con la *sola Scriptura* y la confianza en la predestinación. Justamente, el seguimiento de las propias ideas, como si fueran una inspiración del Espíritu Santo a cada uno de los cristianos, terminaría por provocar una división constante en diversos grupos, casi una atomización de la confesión luterana. Años después, llegaría Baruc Spinoza (1632-1677) con su *Tractatus teologico-politicus* quien, al negar valor a los milagros, terminaría por negar la veracidad de las Escrituras y, por tanto, abandonaría al hombre a su suerte.

Finalmente, recordemos que, como ha fundamentado el profesor Thomas Kaufmann (el último editor de las obras completas de Lutero en alemán), en realidad Lutero estaba convencido de que el fin del mundo llegaría a mediados del siglo XVI y, por tanto, profetizaba y actuaba contundentemente contra el anticristo, representado por el papa de Roma, tal y como había colegido del Apocalipsis.

Erasmo de Róterdam (1466-1536) y el Humanismo

La propuesta erasmiana era una solución culta al problema de la reforma de la Iglesia, como si todo se resolviera elevando el bajo nivel de formación de las órdenes y congregaciones religiosas, del clero y del pueblo cristiano. Efectivamente, promovía un cristianismo esencialista, interior, que provocara una piedad honda y verdadera y, a la vez, que fuera alimentado por la Sagrada Escritura y los comentarios de los santos padres; pero solo mediante la herramienta de un latín culto, o nuevas ediciones y traducciones cuidadas, acordes con los textos originales.

Evidentemente, el trabajo era ingente; pero lo abordaron con entusiasmo un buen grupo de humanistas que, con la ayuda de la imprenta, esperaban en pocos años superar la crisis por elevación (aunque en ese camino, los últimos beneficiados serían el pueblo sencillo, en su mayoría analfabeto, al que despreciaban).

Pensaron que ese clima humanista del Renacimiento afectaría pronto a las cortes europeas, a sus nobles y gobernantes, a los príncipes de la Iglesia o alto clero, y vendría precedido por nuevas y cuidadas ediciones de los clásicos y con una formación esmerada en los clérigos regulares y seculares. Asimismo, propusieron eliminar en gran parte la teología escolástica y reducirla a la teología bíblica. Esta iniciativa tenía mayor solidez que la de Lutero; y además era católica, pues todavía conservaba gran parte de la tradición y del magisterio de la Iglesia.

Erasmo de Róterdam en su *Enchiridium* o manual del caballero cristiano, que había sido traducido al castellano por el arcediano del Alcor (eso sí, edulcorando muchos pasajes y suprimiendo muchas de las duras críticas al clero por su falta de disciplina y su profunda ignorancia), produjo revuelos de admiración en España. Para la mayoría sería un cristianismo interior al que, lógicamente, solo accederían algunos privilegiados que podían entender la Sagrada Escritura y los padres porque tenían un nivel intelectual y una cultivada formación humanística y ascética.

Pero, en el fondo, coincidían con los luteranos en su desconfianza hacia los pastores de la Iglesia o las órdenes y congregaciones religiosas, criticando también la poca preparación del clero secular. Todo lo fiaban a que el refinamiento del humanismo levantaría el nivel cultural de las clases altas, para acceder a un cristianismo interior que llenaría la sed de Dios de las almas cultivadas, dejando al pueblo fuera del camino de la salvación.

Desgraciadamente, algunos derivaron hacía posturas falsas, como la de eliminar el ejercicio de las virtudes y de la lucha ascética, intentando llegar a la mística sin la ascética, y a la meditación sin la oración y la práctica sacramental intensa. Aquí radica el origen de los *alumbrados* que llenaron Castilla de falsos místicos y milagreros (estudiados y documentados por Melquiades Andrés) como por ejemplo Isabel de la Cruz, los hermanos Cazalla, Juan de Valdés, Ruiz de Alcaraz y tantos más. Todo eso conllevó la condena del inquisidor general, Alonso de Manrique, de algunas proposiciones de Erasmo en 1525.

Es muy interesante el cambio hacia un ambiente antierasmiano que se creó en España, incrementado por los procesos de herejía que tuvieron lugar. Finalmente, por parte del inquisidor general el 28 de marzo de 1527 se convocó una junta de teólogos en Valladolid —entre los que estaba Francisco de Vitoria—

para juzgar las obras de Erasmo. Pero esa junta quedó en nada. Posteriormente fueron convocados nuevos teólogos, entre los que también estaba Vitoria, para estudiar las proposiciones concretas condenadas en 1525 y algunas más. Se conserva el dictamen de Vitoria, que consiste en recordarle a Erasmo que debería confrontar la teología bíblica, de la que se habían extraído sus proposiciones, con la doctrina de los santos padres a los que ambos conocían bien, para pulir tales afirmaciones y mostrar en ellas la pureza de una fe completa.

La primera respuesta católica

Ya hemos comentado que los protagonistas iniciales de la contrarreforma fueron los grandes teólogos que se enfrentaron a Lutero en las diversas Dietas convocadas por el emperador Carlos V, incluso algunas desarrolladas en su presencia, para logar reducirle y que volviera al seno de la Iglesia; lo que rechazaba abruptamente. Los informes de Johannes Eck, de Tomas de Vio Cayetano, cardenal de san Sixto, y tantos más que intervinieron en las diversas Dietas, que eran enviados a la Curia Romana, mostraban una honda preocupación.

El nombre de contrarreforma procede de esos esfuerzos católicos por contrarrestar las teorías luteranas que corrían por toda Europa en forma de pasquines, hojas volanderas, escritos e incluso canciones con las que se presentaba un nuevo camino de salvación y una nueva Iglesia entregada a la autoridad civil. Lógicamente, la limitación impuesta por Lutero de solo utilizar textos de la Sagrada Escritura fue pronto solventada, pero siempre actuaron a remolque de las propuestas luteranas y apenas consiguieron frenar la expansión del luteranismo en Centroeuropa.

Enseguida, los príncipes alemanes se posicionaron según el principio luterano de *cuius regio, eius religio*, es decir que cada uno de los príncipes y autoridades legítimas de Alemania decidía de qué lado estaban. Así, los que abandonaron el catolicismo, desacralizaban templos, desamortizaban conventos y abadías y desarbolaban una Iglesia milenaria, que convertían en una religión sin liturgia, ni sacramentos, ni mediaciones, ni devociones. Quedando todos igual de huérfanos delante de Dios.

Además, Lutero entregó el sostenimiento de los nuevos pastores de su nueva Iglesia en manos de los príncipes, de modo que desaparecieron también las obras de caridad que llevaban a cabo las órdenes y congregaciones religiosas en favor de los necesitados.

Pronto tomarían la pluma John Fisher, el Roffensis, Thomas Netter, el Waldensis, Pedro de Sotomayor, Pedro de Soto y tantos más, que publicaron abundantes trabajos llamados de controversia, con los que contradecían las teorías luteranas y procuraban devolver a los cristianos a la Iglesia católica. La Escuela de Salamanca, a través de los dos teólogos imperiales Domingo de Soto y Bartolomé de Carranza, estuvo presente en el Concilio de Trento, poniendo las bases de la verdadera reforma de la Iglesia tanto en el orden dogmático como disciplinar.

La Escuela de Salamanca

Como es bien sabido, la tentación de la decadencia que predicaron los padres se cernió sobre la Iglesia, y la búsqueda de la santidad en medio del mundo casi desapareció hasta volver a ser recordada por el Concilio Vaticano II, especialmente en la Constitución *Lumen Gentium* (1964); o con la llamada de Juan Pablo II a convertir la pastoral de la santidad en el programa de la Iglesia del tercer milenio.

Es importante anotar aquí, al comienzo de este libro sobre la renovación teológica, filosófica, económica y jurídica que llevó a cabo la llamada Escuela de Salamanca en el siglo XVI, que es una obra que hicieron personas concretas y, posteriormente, la historia ha encontrado en ellos un espíritu común, una misma metodología y una apertura de mente semejante. Lo que hicieron

Francisco de Vitoria, Domingo de Soto, Melchor Cano, Diego de Covarrubias, Juan de Medina, Domingo Báñez, y un sinfín de autores que desfilarán por estas páginas, fue leer directamente a santo Tomás, actualizar su enseñanza y aplicarla a los problemas doctrinales de su tiempo. Para ello, como el Aquinate, buscaron un equilibrio entre fe y razón. Y, sobre todo, estudiando la tradición viva de la Iglesia, es decir, las fuentes de la revelación cristiana: la Sagrada Escritura, Antiguo y Nuevo Testamento, a la luz de los padres de la Iglesia oriental y occidental, siempre en continuidad con el magisterio de la Iglesia.

La revolución teológica y jurídica de la dignidad de la persona humana que brota de esa vuelta a las fuentes fue sencillamente espectacular, pues la antropología cristiana renovada terminó por incidir en todos los ámbitos de la vida civil y eclesiástica. Como veremos, la Escuela de Salamanca, Escuela Ibérica, o Escolástica humanista del XVI en España y América, se caracterizará por ser una verdadera filosofía de la vida, un método teológico, una visión práctica y sólidamente asentada de la revelación cristiana, en el momento de humanismo y del renacimiento. Especialmente, destacaremos la clara conciencia de la dignidad de la persona humana, la sincera piedad, la honradez y el rigor jurídico.

Desarrollaremos las características de la Escuela de Salamanca a través de la explicación de algunos de los grandes acontecimientos que acaecieron desde el siglo XVI al XVIII, como vienen señalados en el índice de este libro: a partir de ellos extraeremos las características de la Escuela de Salamanca. Estamos en el siglo de los descubrimientos, la primera globalización económica, la pérdida de millones de cristianos por la ruptura luterana; pero también de la adquisición de un tercio más de territorio para misionar en Asia y América y una estrecha unidad del poder temporal y eclesiástico orientados ambos —desde los Reyes Católicos— a la salvación de hombre y alcanzar la vida eterna.

Para el estudio de la teología escolástica desde el siglo XIII a nuestros días, remitimos al lector al reciente trabajo de Rafael Ramis; y acerca del estudio exhaustivo de los autores de la Escuela de Salamanca al inmenso trabajo de Juan Belda Plans, ambos señalados en la bibliografía (por lo demás, tan extensa e importante que nos hemos limitado a recoger la que nosotros hemos usado para elaborar esta síntesis. Esperamos que sea interesante para los colegas y de utilidad para los lectores).

Acercarnos a esos hechos históricos, enmarcarlos y extraer de ellos las características de la Escuela de Salamanca nos servirá para ampliar el marco de nuestras ideas y aprender para nuestro tiempo. Estamos necesitados de una reforma tanto de la Iglesia como del Estado para sacar al mundo del *impasse* en el que se encuentra tras haber asistido a los ciclos del liberalismo del siglo XIX y de la sociedad del bienestar que están actualmente agonizantes, para dar paso a una nueva cultura y civilización.

Como veremos enseguida, al estudiar detenidamente las aportaciones de la Escuela de Salamanca a la civilización occidental, tendremos que apoyarnos en hechos concretos y en las doctrinas de Vitoria y también de sus discípulos directos. Porque del maestro dominico solo conservamos algunos de los guiones elaborados para impartir sus famosas *relecciones* teológicas pronunciadas ante el claustro y los estudiantes salmantinos; o también algunos de sus comentarios a la *Suma teológica* de santo Tomás de Aquino, libro de texto de sus lecciones universitarias, que nos han llegado por la tradición manuscrita de los *reportata* (apuntes de clase que tomaban sus alumnos). En definitiva, el contenido de sus aportaciones teológicas, jurídicas o de filosofía económica tendremos que rastrearlo en las obras de sus discípulos. Especialmente Domingo de Soto, contemporáneo suyo como catedrático de Vísperas de la Facultad de Teología de Salamanca, que trabajó en sintonía con Vitoria.

En este documento, que desea ser una síntesis del pensamiento de Francisco de Vitoria y su escuela, seguiremos el siguiente esquema. En primer lugar, abordaremos cuestiones biográficas y cronológicas del maestro Vitoria y nos referiremos a las circunstancias ambientales: el origen del Renacimiento y del humanismo cristiano, la indudable decadencia de la teología de su tiempo y, por supuesto, el clima de reforma que se vivía en España y Europa en aquel tiempo. Enseguida, entraremos de lleno en las características de la Escuela de Salamanca y las principales aportaciones que realizaron: una reforma de la teología que influiría en la reforma de la Universidad y el nacimiento del Siglo de Oro de la mística castellana. Posteriormente, trataremos de la aplicación directa de la Escuela de Salamanca en el Concilio de Trento, tanto en el orden dogmático como pastoral, para terminar abordando cuestiones sobre economía y filosofía política.

Lógicamente, puesto que se trata de una síntesis de la Escuela, hablaremos de la aplicación de sus principios teológicos y jurídicos en el descubrimiento, colonización y evangelización de América, donde tendremos que hablar de Matías de Paz y de Bartolomé de las Casas. El primero como precursor y el segundo influido por la Escuela de Salamanca. Los principios jurídicos y teológicos de Francisco de Vitoria y sus discípulos también afectaron a la organización política: tanto del Consejo de Indias y las correspondientes leyes de Indias, como del Consejo de Castilla donde fue presidente Diego de Covarrubias, discípulo de primera hora, en la aplicación de las leyes de las Partidas y otras leyes del reino. Es más, el propio modo de redactar los tratados *De iustitia et iure* de aquella época muestran cómo Vitoria abrió un camino en la configuración del orden internacional y las relaciones jurídicas entre las diversas naciones, lo que se considera como el nacimiento del derecho de gentes.

Tampoco podemos olvidar lo que Francisco de Vitoria aportó a la teología moral económica, como muestran los manuales de confesores para mercaderes o las lecciones escolares de Juan de Medina, Martín de Azpilcueta o Luis Saravia. Es interesante caer en la cuenta de que los barcos que llegaban de América cargados de plata impulsaron una nueva economía globalizada, pues regresaban allí con todos los enseres necesarios para que los españoles embarcados en la aventura americana pudieran vivir como lo habían hecho hasta ese momento. Pero, a la vez, construyendo otra nueva cultura que sería la hispanoamericana, con sus acentos distintivos.

Añadiremos algunas precisiones acerca del nuevo método de las ciencias experimentales y de su separación del método teológico. También comentaremos los textos sobre física de Domingo de Soto, quien se adelantó al célebre Newton en el descubrimiento de la ley de gravitación universal; asunto al que muchos científicos no le han dado apenas importancia. Finalmente, dedicaremos unas páginas a conocer el influjo del espíritu de Francisco de Vitoria en la llamada segunda Escuela de Salamanca donde hablaremos de personas y de ideas tan importantes como Luis de Molina, Francisco Suarez o Hugo Grocio.

CAPÍTULO 1

SEMBLANZA DEL MAESTRO FRANCISCO DE VITORIA

El maestro Francisco de Vitoria nació en tierras de Castilla, en Burgos, hacia 1485 y falleció en Salamanca en el convento de San Esteban en 1546, después de vivir fielmente la espiritualidad y la regla que el Espíritu Santo había otorgado a santo Domingo de Guzmán.

Lo primero que ha llamado la atención de los estudiosos de Vitoria es por qué la orden dominicana no ha promovido el proceso de beatificación y canonización de Francisco de Vitoria, Domingo de Soto o Melchor Cano, por mencionar solo a los tres primeros maestros que impulsaron esta escuela desde el convento de San Esteban de Salamanca. La respuesta es tan sencilla como recordar que, efectivamente, los tres murieron con fama de santidad y de heroicidad en las virtudes cristianas, pero el mismo Espíritu Santo que les concedió tantos dones intelectuales y fortaleza de vida para enfrentarse a los problemas doctrinales de su tiempo, y a promover la verdadera reforma de la Iglesia, no los quiso escoger como modelos e intercesores de una parte significativa o de la totalidad del pueblo de Dios promoviendo su proceso de canonización.

Indudablemente, los tres son modelos e intercesores para los que se dedican al estudio de la teología. De hecho, son ejemplos de la renovación teológica producida en las diversas etapas de la historia, como reconocieron los teólogos y padres conciliares que invocaron su memoria en la elaboración de los documentos del Vaticano II. De hecho, en las actas figuran referencias concretas a la vuelta a las fuentes y a la dignidad de la persona humana. Así lo refrendó también san Juan Pablo II en su famoso discurso en Salamanca, ante el claustro de profesores de las universidades pontificia y civil en su viaje de 1982.

En la extensa bibliografía sobre Francisco de Vitoria, como fundador de la Escuela de Salamanca, hay mucha insistencia en averiguar su lugar de nacimiento y por qué recibió el nombre de Francisco de Vitoria. Actualmente, existe un acuerdo pacífico en aceptar que Francisco de Vitoria nació en Burgos de una familia noble. Su padre sería alavés y se habría trasladado para trabajar en dicha ciudad, donde conocería a su esposa, una joven burgalesa de familia conversa del judaísmo, con la que se habría casado en esa capital castellana. El nombre completo de Vitoria sería Francisco de Arcaya y Compludo. Sabemos que eran varios hermanos y que dos de ellos fueron dominicos. Francisco era el mayor y ambos estaban dotados de una gran inteligencia, aunque Francisco tenía menos capacidad de relación que Diego, y ambos destacaron por su piedad, serenidad y profundidad de pensamiento. Sus padres aceptaron de buen grado la vocación religiosa de los hijos y prueba de ello es que entregaron un importante donativo para sufragar la construcción de un sobreclaustro en el convento de san Pablo de Burgos, donde profesaron.

Conviene recordar que desde los tiempos del cardenal Cisneros en España, tanto como confesor de la reina, como cardenal primado de Toledo y consejero real, la reforma de la Iglesia comenzó en Castilla. Primero con la reforma de las órdenes religiosas, después del clero secular y de los cabildos catedrales y, finalmente de las universidades y colegios de la Iglesia.

Vitoria en París

Francisco de Vitoria recibió en su hogar una honda formación religiosa y estudió las primeras letras en el colegio de los dominicos de san Pablo, donde ingresó en 1505 para comenzar su noviciado. El año 1508, como alumno aventajado, fue enviado a terminar sus estudios en París donde acudían los mejor dotados de toda la orden para poder después dinamizar a sus hermanos. El motivo de la marcha de Vitoria a la capital francesa seguramente se debería al alto rendimiento y, sobre todo, a la capacidad especulativa que detectaron en él sus superiores, además de su solidez doctrinal y fina delicadeza de trato. Sabemos que recibió la ordenación sacerdotal en 1509, seguramente en Burgos, poco tiempo antes de su partida.

En París vivirá en el célebre colegio de Saint-Jacques o de Santiago, donde estaba precisamente centrada la reforma de los dominicos. Tal espíritu de reforma había llegado de mano de algunos frailes holandeses, que lo extendieron a ese insigne colegio. La obra se atribuye al rector del colegio, Juan Clareo o Clerée, amigo del reformador Juan Standonck. Debió de ser dura la pugna para lograr un clima de reforma, pues de los cuatrocientos colegiales que había en Saint-Jacques llegaron a marcharse ciento veinte que no deseaban esa reforma y que buscaron acomodo en otros lugares o conventos de otras órdenes, o abandonaron sus estudios de teología. Sin embargo, Vitoria, proveniente del convento de san Pablo de Burgos que guardaba una renovada observancia, no debió apreciar grandes cambios tanto en la disciplina de la regla dominicana como en la exigencia del estudio.

Por aquel tiempo, en la capital francesa imperaban las corrientes llegadas de Italia, humanistas y renacentistas, y comenzaba a imponerse el arte, la poesía, la música, el buen gusto y el latín refinado. Todo ello influirá, años más tarde, en el tono elegante, cuidado de las buenas formas y en el estilo de la obra personal de Vitoria y de la Escuela de Salamanca. Si observamos, por ejemplo, la introducción de las *relecciones* teológicas de cualquiera de los grandes maestros de la Escuela de la primera época, encontraremos siempre un comienzo realizado en un latín ampuloso lleno de citas eruditas y de textos líricos conmovedores que recuerdan indudablemente el ambiente de la Sorbona en el arranque del siglo XVI.

Ese ambiente y las soluciones a la reforma preconizada por los humanistas, tanto en España, como en Italia o en Francia, nos recuerdan que el Renacimiento llegó en el siglo XV a toda Europa y no fue una moda pasajera en la corte y del papa sino algo que caló hondamente en el espíritu cultivado del momento. También ese ambiente llenó la corte de los Reyes Católicos y se impulsaron el arte, las buenas letras, la música, la pintura y la nueva arquitectura, destacando nombres como Antonio Nebrija, los hermanos Valdés, Juan de Vergara, Alonso Manrique, Alonso Fernández de Madrid o el mismo Luis Vives.

Es el tiempo en que el cardenal Cisneros concibe uno de sus proyectos más ambiciosos de la reforma que está impulsando en España con el apoyo de los Reyes Católicos: reunir en Alcalá de Henares a los más grandes eruditos de su tiempo para realizar la «políglota» edición de la Biblia de Alcalá. De hecho, Vitoria, como parte de su formación académica, impartió clases de Artes y Teología en el colegio de Saint-Jacques desde 1513 hasta lograr su doctorado en Teología en 1522. Sus trabajos ya versaban sobre el realismo tomista.

Durante el curso 1508-1509, Francisco de Vitoria terminaría los estudios de Artes antes de comenzar los de Teología. Es decir, cursaría las Súmulas, y los escritos lógicos de Aristóteles y un curso sobre física, ética, metafísica y matemáticas según habían impuesto los nominalistas en la Universidad de París (recordemos que estos estudios eran obligatorios para todos). Nuestro autor tuvo como maestro al renombrado profesor nominalista valenciano Juan de Celaya, a quien escuchaba sus lecciones en el colegio Coqueret. Celaya le introdujo en el ambiente renacentista y humanista que se respiraba en París. Allí podrá conocer a Luis Vives, también valenciano, que era amigo de Erasmo de Rotterdam o de Tomas Moro, entre otros, y que estaba imbuido del contacto con los clásicos latinos y griegos a quienes leía y editaba: «las buenas letras», en palabras de Vives.

De 1509 a 1513 Vitoria seguirá fielmente al maestro dominico Pedro Crockaert, discípulo de Juan Mair, y a Juan Fenario, que terminaría por ser el general de los dominicos en Roma. En sus estudios de teología, por tanto, protagonizó el importante cambio del nominalismo al realismo a través de la lectura diaria de la *Suma teológica* de santo Tomás, no comentada por Tomás de Vio Cayetano, antiguo colegial, sino directamente, por lo que rebrotaría con todo su esplendor. Ese cambio en sus maestros se puede observar claramente en los escritos que publicó en aquellos años: desde las *Súmulas* a los *Comentarios sobre el alma* (1510).

Efectivamente, cuando un alumno se matriculaba en la Facultad de Teología de una universidad, podía escoger libremente en función de qué escuela teológica deseaba recibir las clases y la formación correspondiente: es decir, según la vía realista (tomista) o la nominalista (escotista o moderna, según Gabriel Biel que era el discípulo aventajado de Guillermo de Ockham). El hecho es que Francisco de Vitoria en París leyó y estudió directamente a santo Tomás en las mismas aulas en las que —siglos atrás— el Aquinate había dialogado con sus alumnos y donde había impartido la *Suma teológica.* Sabemos que, después de su estancia parisina, Vitoria regresó a Castilla dispuesto a lograr que ese fuera el manual de teología frente a las *Sentencias* de Pedro Lombardo, que había sido hasta entonces el manual que deberían leer y comentar los maestros.

Del ambiente nominalista que encontró en París y del tránsito de algunos de ellos al tomismo, Vitoria hablaba solo de los más grandes: Pedro Crockaert, Jacobo Almain y Juan Mair. De ellos destacaba su sentido práctico y aprendió a estudiar los problemas reales de la sociedad: la pobreza, las leyes del mercado, la libertad de los indios; o también las ciencias naturales, las matemáticas y la física.

Ese paso del nominalismo al realismo se vislumbra en las clases de Vitoria y en sus escritos, especialmente por la importancia que le da a la metafísica en sus razonamientos y a la conjunción de teología y derecho, pues —como es sabido— desde Ockham se dio gran importancia al derecho canónico en la Iglesia, pues la teología era denostada como ejercicios mentales de conceptos o *flatus vocis* frente al juridicismo. Disputa que, en cierto modo, se encuentra todavía viva, sobre todo, cuando vemos a los teólogos discutir con los canonistas por cuestiones de fondo. Todo esto se puede comprobar en la edición de los comentarios a la II-II de la *Suma teológica* de santo Tomás que hizo con Crockaert y que, efectivamente, viene precedida por un prólogo ampuloso y humanista (con citas de Jenofonte, Cicerón y Virgilio) redactado por Vitoria, que contrasta con el texto claro, en latín más llano, pero cuidado, para uso de sus discípulos.

La edición de la *Suma teológica,* comentada por Crockaert y sus discípulos en París, fue una respuesta a la decisión del Capítulo general de la orden dominicana de 1483 recomendando leer a santo Tomás en las Facultades de Teología y en los conventos de dominicos, pues el *Libro de las sentencias* era un buen manual para los profesores, mientras que la *Suma* estaba pensada para ayudar a los alumnos a asimilar la teología.

Las clases preceptivas para los alumnos de artes y de teología durante al menos cinco años, previas al título de doctor, no le eximieron a Vitoria del estudio y de asistir a las disputas académicas para poder superar el examen de licenciatura, lo que sucedió en 1522 delante de su maestro Juan de Celaya. Poco tiempo después, delante del canciller de la Universidad recibía la birreta de doctor y fue acompañado por muchos al altar mayor de la catedral de Notre Dame.

No podemos terminar los años de estancia en París del maestro Francisco de Vitoria sin recordar que todavía estaba viva en aquella universidad la polémica conciliarista que, aunque ya fuera seguida por pocos, en las aulas de la Sorbona seguía latiendo. De hecho, Francisco de Vitoria en una *Relección* sobre la potestad de la Iglesia pronunciada en Salamanca en 1531, todavía hará referencia a la impresión que le produjo la vehemencia de Jacobo Almain en la defensa de sus argumentos acerca de la relación entre el papa y el Concilio.

Finalmente, debido a la tremenda epidemia de peste que asoló la ciudad de París, Vitoria tuvo que huir rápidamente de ella y pasaría un largo tiempo refugiado en Flandes, concretamente con el maestro Luis Vives, en Lovaina, antes de regresar a España.

Valladolid y Salamanca

Francisco de Vitoria vuelve a España con un nuevo método teológico en la cabeza y con una nueva visión del equilibrio entre fe y razón; y también después de haberse empapado del humanismo imperante en París. Asimismo, su bagaje científico y humanístico reforzaban su modo natural de ser, dotado de una gran inteligencia, sosegado, prudente, juicioso, humilde, determinado, fuerte y reservado y, a la vez, dotado de simpatía y buen humor, como se puede observar de los chispeantes comentarios en castellano que realizaba en sus clases.

Enseguida, se descubrirá por qué había sido llamado de París por la provincia de Castilla: ocupará el cargo de catedrático de Teología en el colegio de san Gregorio de Valladolid que, a la sazón, era el Estudio General de la orden.

En el comienzo del curso 1523-1524 la expectación era alta en ese convento de la ciudad imperial. Los colegiales llegados de colegios dominicanos de toda España sabían que se estaban formando para renovar la vida intelectual y teológica de la universidad, de toda la corona de Castilla, de Europa y del mundo. De hecho, de allí salieron Loaysa, Melchor Cano, fray Luis de Granada y otros profesores hacia las más importantes universidades de Europa y América. También muchos obispos como los dominicos Juan Álvarez de Toledo, Bartolomé de Carranza o Miguel de Arcos.

Fueron tres años muy fecundos los que pasó en Valladolid, pues Vitoria no se limitó a impartir la docencia que se le asignó, sino que también —como había hecho en París y hará en Salamanca— creó unas escuelas de pensamiento que posteriormente conectarían entre sí. La materia que se le había asignado fue la *Prima Pars* y la I-II de la *Suma teológica*. Las clases serán recordadas, sobre todo, por la solidez de la fundamentación con la que hablaba: la naturaleza de Dios y la naturaleza del hombre. Recordemos que en esa época obtuvo, del capítulo provincial de 1525, el nombramiento de maestro en Sagrada Teología.

El tiempo pasa muy deprisa y, enseguida, llegó la noticia del fallecimiento del dominico fray Pedro de León en la cátedra de Prima de la Facultad de Teología de la Universidad de Salamanca. El plazo para presentar las candidaturas era de un mes, desde la muerte del titular. Pronto corrieron rumores sobre los posibles candidatos, pero también se iban eliminando al comprobar que Francisco de Vitoria había presentado su candidatura. Su nombre era bien conocido en la orden dominicana y entre aquellos que vivían en Valladolid o que habían estudiado en París: es decir, en los ambientes de la reforma de la Iglesia que se extendía por toda Europa.

Finalmente, el único candidato que se atrevió a enfrentarse en los ejercicios de la oposición contra Vitoria fue el maestro Pedro Margallo, un portugués catedrático de Filosofía Moral en la Universidad de Salamanca, que venía a representar al elevado número de alumnos que provenían de la nación vecina para posteriormente fundar nuevas universidades en Portugal.

Los ejercicios comenzaron el 2 de septiembre de 1526: una oposición en la que pronto se demostró que el magisterio de Vitoria era muy superior en hondura, destreza lingüística, manejo del latín clásico y, sobre todo, en su cercanía, como se puede comprobar en los apuntes de alumnos que se conservan y afirmaba su discípulo Melchor Cano (1509-1560) años después: «El maestro Vitoria podrá tener discípulos más sabios que él, pero diez de los más doctos no enseñarán como él». Finalmente, el 21 de septiembre de 1526 tomaba posesión de su cátedra en Salamanca, después de superar el trámite para la convalidación de sus estudios en París. Enseguida se trasladó a vivir en el convento de San Esteban de la ciudad. Vitoria llegará en un clima de expectación por parte de los profesores y alumnos que abarrotaron desde el primer día su aula y vaciaron las otras, que en pocos años quedarían notablemente abandonadas.

En primer lugar, el nuevo maestro impondrá su personalidad científica en una universidad que desplegaba la actividad en un clima de reforma de la Iglesia. Lo que requería como fundamento la reforma de la teología y, con ella, de los demás saberes para dar respuesta a los interrogantes de una civilización que se estaba transformado desde el descubrimiento de América, desde la ruptura de la unidad de la fe, desde la primera globalización económica y tantas otras circunstancias que desarrollaremos en las próximas páginas.

Además, la propuesta humanista de reforma había cuajado en Alcalá de Henares, en la corte del Emperador Carlos V y en el clima de emulación y de reforma del derecho, de la teología y de los estudios escriturísticos, todo ello proveniente del impulso proporcionado por Cisneros a la recién creada universidad. Esto es importante, pues el ambiente humanista que reinaba en Salamanca no tenía nada que envidiar al de la Complutense. Así, los humanistas Hernán Núñez de Guzmán, catedrático de Griego; Juan Martínez Silicio, el famoso catedrático de Filosofía Moral o Bernardino Vázquez de Oropesa, catedrático de Biblia, estaban muy ufanos de recuperar el latín y el conocimiento de los clásicos en el claustro y en las aulas.

El convento de san Esteban

El convento dominico de san Esteban de Salamanca, adherido a la iniciativa reformista de la orden desde la primera hora, actualmente es visitado por miles de turistas del mundo entero y sigue conservando muchos recuerdos e importantes referencias a la convivencia de los grandes maestros dominicos Vitoria, Soto, Cano y tantos más. Sobre todo, resaltemos que en el convento recibían a muchos misioneros que llegaban de América, a quienes orientaron los maestros; y, a través de ellos, conocieron de primera mano los problemas de la evangelización y de la implantación del nuevo orden civil y cultural que estaba ocurriendo en aquellas tierras.

Como parte del programa de reforma de la orden dominicana en Castilla (y, por tanto, en el convento de San Esteban), estaba el darle particular importancia al estudio y a la oración entre los que vivián allí. Esa ilusión fue apoyada por el prelado dominico Juan Álvarez de Toledo, de insigne familia (los duques de Alba) y obispo de Córdoba, quien allegó recursos para construir la nueva iglesia, fachada y claustro conventual; de forma que quedaran reflejados en la arquitectura los afanes de santidad, piedad y estudio de los frailes que habitaban esa casa. Vitoria la vio levantar y padecería los ruidos de sus obras; pero no la vio terminar, pues se concluyó poco después de su muerte.

Precisamente, en la oración, el estudio y en la conversación fraterna se perfilarán muchos temas para las *relecciones* teológicas que dinamizaban la formación de profesores y alumnos en Salamanca. Y se afilarían los argumentos para aplicar la revelación y el magisterio a los problemas de su tiempo: los pobres y las limosnas, los límites del poder, el divorcio de Enrique VIII, la obligación de guardar los secretos confiados, la verdad e historicidad de la Sagrada Escritura, etc.

Francisco de Vitoria estaba siempre afanado en las clases, las consultas de sus alumnos y de otros profesores de la Universidad. Asimismo, era muy frecuente que recibiera peticiones de informes (o *votos*) acerca de cuestiones doctrinales y morales desde el Consejo de Indias, el Consejo de Castilla o el ayuntamiento de Salamanca. Consultas que requerían rápidas respuestas, y que se añadían a los muchos dictámenes y peticiones de opinión de los catedráticos de la Universidad o de los dominicos que vivían en san Esteban o eran amigos muy cercanos, como el famoso catedrático Martín de Azpilcueta, (el doctor Navarro, 1491-1586).

Su salud no era muy buena y con el paso de los años se iría estropeando. Además, comenzó a padecer artritis, de modo que algunas veces sus alumnos tuvieron que llevarle en una silla a hombros, para que no faltara al aula a dar sus lecciones.

Es también llamativo que no tuviera grandes cargos de responsabilidad en el claustro académico, seguramente sería debido a su frágil salud y, sobre todo, por las ocupaciones que hemos descrito. A pesar de todo, algunas veces fue nombrado vicecanciller, ya como oficio o como sustituto del rector. Aunque de hecho *casi* ejercía ese cargo porque el canciller solía acudir a él en busca de su sabia opinión y consejo.

Los años pasaban deprisa y Vitoria apenas pudo enviar a la imprenta más que algunos guiones de sus famosas *relecciones* teológicas, pues sus tesis eran muy renombradas en el mundo entero y reclamaban sus palabras tanto desde la corte como del Consejo de Indias para resolver en juntas y dictámenes las consultas que recibían. Fue su discípulo Domingo de Soto (1494-1560) quien llevaría adelante una tarea editorial mucho más completa, publicando un buen número de libros para que la Escuela de Salamanca quedara asentada sólidamente.

En 1545 llegaría al rectorado de la Universidad de Salamanca la petición para que Francisco de Vitoria, catedrático de Prima de la Facultad de Teología, acudiera como teólogo imperial al Concilio de Trento. Se conserva la carta de respuesta del maestro salmantino declinando la invitación por motivos de salud y sugiriendo que fuera enviado en su lugar el catedrático de Vísperas de la misma facultad, Domingo de Soto. Como de hecho sucedió. Unos meses más tarde, ya en 1546, la enfermedad que aquejaba a Vitoria terminaría minando su organismo con el frío y la humedad del invierno de la ciudad del Tormes. El maestro salmantino falleció en el convento de San Esteban donde reposan sus restos.

CAPÍTULO 2

LA ESCUELA DE SALAMANCA Y LA RENOVACIÓN TEOLÓGICA

Francisco de Vitoria será recordado en la historia de las ideas como el maestro que formó a muchas generaciones de teólogos, juristas, moralistas o escrituristas en un clima de humanismo y de búsqueda de la verdad. También hay que señalar cómo Vitoria, desde su llegada a la cátedra de Salamanca, no dejó de impulsar la adquisición de libros por parte de la biblioteca de la Universidad, fomentando así el estudio, la serena investigación y las disputas teológicas entre los alumnos.

Como hemos repetido, Francisco de Vitoria no tuvo tiempo para escribir gruesos tratados o para publicar sus comentarios a la *Suma teológica*, como harían varios de sus discípulos. Dejó esta tarea a sus continuadores, sobre todo a Domingo de Soto, autor por ejemplo de un famosísimo *De iustitia et iure* (Salamanca, 1556) o del volumen *De natura et gratia* (Venecia, 1545), en donde se contienen las ideas fundamentales que sirvieron después para redactar el decreto *De iustificatione*, durante la VI Sesión del Concilio de Trento, con el que se dilucidó la polémica luterana.

La convergencia de jóvenes o más veteranos pensadores en muchos ámbitos de la universidad, que se beneficiaron de la amistad y del saber teológico de Vitoria, hace que podamos hoy hablar de una Escuela de Salamanca. Pero no a estilo de las tradicionales escuelas de otros tiempos (como por ejemplo la famosa división que existía en teología: la realista, la escotista y la nominalista). Recordemos que la pertenencia a una escuela conllevaba la preeminencia del maestro o fundador de la misma en cualquier disputa y, por tanto, la costumbre del *magister dixit*, con discusiones acaloradas acerca de su verdadera interpretación (muy bien descrita por Melquiades Andrés). Hablar de Escuela de Salamanca es hablar de un estilo, de un modo nuevo de hacer, de la unidad de las ciencias: teología, derecho, filosofía, moral y economía. Buscando sintonía y deseos de encontrar la verdad.

De hecho, el propio Vitoria animaba a sus alumnos a someter a crítica las tesis directamente leídas de las fuentes, como hacía santo Tomás, que empezaba su argumentación en la *Suma teológica* con los argumentos en contra; después venía el *corpus* razonado con los lugares teológicos; para terminar refutando los argumentos en contra. De ese modo quedaba claro que el espíritu de Salamanca era fundamentar sus doctrinas en las fuentes, sin ser serviles a las mismas o a los autores. Ratzinger llamará a este método «teología arrodillada».

El método teológico

Lo que más unifica a la Escuela de Salamanca es, en primer lugar, el método teológico. Es decir que, para abordar una cuestión teológica, se seguía la búsqueda de los argumentos en la Sagrada Escritura, tradición, magisterio, *Corpus iuris*, decretalistas o teólogos que habían comentado la misma cuestión. Seguidamente, como característica de la Escuela, estará una argumentación serena de la verdad, usando un latín en ocasiones ampuloso (cuando estaba referido a las lecturas de los clásicos);

pero, a continuación, recurriendo a un lenguaje más preciso, bien cultivado y adecuado al nivel de la exposición correspondiente.

Como prueba de esa serena búsqueda de la verdad y de la formación de las mentes y los corazones de los alumnos, estuvo el deseo de recuperar las cuestiones *Quodlibetales*, aunque transformándolas en lo que se llamarán *relecciones* teológicas. Es decir, el claustro marcaba la materia que debía explicar cada profesor; pero se le pedía a cada uno que, de acuerdo con el programa de las clases, buscara además un tema para desarrollar en una *relección* que fuera del interés de todos, independientemente de las diversas materias que cursaran. Se trataba, por tanto, de un tema de interés general, dirigido a la totalidad de los alumnos, con el fin de darles criterio y por tanto formación en cuestiones doctrinales controvertidas.

Asimismo, formará parte de la Escuela de Salamanca el modo de impartir las clases o sesiones ordinarias. Por una parte, hablando despacio, de manera que el alumno a través de un sistema ingenioso de abreviaturas pudiera obtener unos apuntes para su estudio personal y, de ese modo, asimilar la materia correspondiente. Recordemos que hasta la llegada de Vitoria estaba prohibido el uso de apuntes, pues se temía que pudieran denunciar al profesor ante la Inquisición por tesis o afirmaciones que, en realidad no habían sido expuestas por el profesor, sino que eran interpretaciones sesgadas de los alumnos, que muchas veces apenas sabían de la materia expuesta.

Otra de las características de la Escuela de Salamanca, inaugurada por Vitoria, fue cambiar la práctica que obligaba a los profesores a leer y comentar diversas cuestiones tomadas de las *Sentencias* del maestro Pedro Lombardo, sustituyéndolas por la *Suma teológica* de santo Tomás de Aquino. En sucesivas reformas académicas se asumió tal práctica y desde 1561 ya se impuso en Salamanca la *Suma* de santo Tomás como principal libro de texto. Pocos años después lo será en más universidades españolas, europeas o americanas, y en los colegios jesuitas.

Es interesante comprobar que la *Suma teológica* fue el principal libro de texto en algunas facultades de teología hasta el Concilio Vaticano II. Aunque en otras fue sustituido a partir del siglo XVII por las obras de Francisco Suarez. Esta situación cambió tras la expulsión de los jesuitas: por ejemplo, en España y por orden de Carlos III, se volvió a estudiar con la *Suma*.

Vitoria era consciente de que estaban llegando a la Facultad de Teología de Salamanca los mejores alumnos procedentes de las diócesis, los conventos o las comunidades cristianas que deseaban la reforma de sus órdenes y congregaciones. Durante sus explicaciones, a veces interrumpía el discurso en latín para resumirlo en castellano o relatar una anécdota que rompía el elevado clima de la clase y relajaba al alumnado y recuperaba a los que se habían perdido tras una la larga explicación. Vitoria era genial a la hora de conseguir la atención de los alumnos, lo que en el lenguaje retórico se denominaba como *captatio benevolentiae*, que es más que captar la atención. Se hacía cargo de la dificultad para comprender el problema y buscaba el ejemplo oportuno. No se trataba de adoctrinar sino de educar, contando con la capacidad intelectual y las deformaciones doctrinales de cada época de la historia y las dificultades en unas cuestiones o en otras.

Las clases duraban noventa minutos, con un descanso entre medias. Los estudiantes, sentados en bancos de madera, con el tintero y el cuaderno para tomar los apuntes, soportaban el frío o el calor y la falta de luz. Mucho debían de tener de calidad aquellos profesores que lograban el interés de tantos jóvenes llenos de ilusión. El diálogo entre profesores y alumnos era fundamental; y luego proseguiría conversando en el colegio mayor correspondiente, en el convento, en el claustro de la universidad o en alguna taberna vecina. Como no había suficientes libros para todos, se precisaba mucho más trabajo de exposición en clase por parte del profesor.

La asignatura y las lecturas encargadas por el claustro para cada año debían impartirlas los profesores de Prima y de Vísperas en paralelo, por lo que era muy importante una buena coordinación en la enseñanza. En cuatro años un alumno debía haber estudiado todas las materias de teología necesarias para ser maestro. Es decir, se trataba de cuatro bloques que explicaba el catedrático de Prima y otros cuatro el de Vísperas. Por tanto, estamos hablando de coordinarse no solo en los temas sino en los enfoques y tesis teológicas, y en la fundamentación de estas.

Hemos señalado la afición por los libros que tenía Vitoria desde su estancia en la riquísima biblioteca de la Universidad de París. Fue grande su empeño por recabar manuscritos e incunables para la constitución de buenas bibliotecas en la Universidad y en los colegios mayores. La aparición de la imprenta, pocos años atrás, abrió un espectacular panorama para comprar y traer libros a las bibliotecas lo que implicaba pedir fondos a las autoridades. Incluso logró animar al claustro salmantino en 1539 para traer una imprenta que pudiera editar sus propios libros universitarios.

Los contenidos

En primer lugar, hemos de destacar la riqueza teológica de los escritos y de las clases que conservamos del maestro Vitoria. Sin duda, lo que más llama la atención es el conocimiento de la Sagrada Escritura tanto en griego como en latín, y el de los santos padres en sus comentarios a la Escritura o en sus obras teológicas y pastorales. Asimismo, destaca su conocimiento del magisterio de la Iglesia, bulas, decretos de los papas, concilios universales o sínodos. También del *Corpus iuris civilis* y *Canonici*; de los comentaristas de los decretos, del *Digesto* y del *Codex*. Y, por supuesto, de los grandes teólogos, especialmente san Agustín, santo Tomás de Aquino, Duns Escoto y otros autores como Pedro Abelardo, Hugo de San Víctor, etc. No era extraño que, al unir esa riqueza de fuentes con la lectura de los clásicos, formase una teología muy bien trabada. El humanismo y el dominio de los clásicos griegos y latinos (con muy especial referencia al conocimiento de Aristóteles) muestra la riqueza de su antropología teológica y filosófica, y es donde el maestro Francisco de Vitoria apoya su doctrina sobre la dignidad de la persona humana.

Vitoria basaba su enseñanza en el principio de santo Tomás: «La gracia no destruye la naturaleza, sino que la supone, la sana y la eleva». Es indudable que toda la teología, el derecho, la economía, la antropología y la filosofía de Vitoria estaban abiertas a la trascendencia. Por tanto, hay que contar siempre y para todo con la gracia de Dios, pero también había que poner en juego la libertad.

Es interesante recordar que Vitoria enseñó a sus alumnos y discípulos a disentir de santo Tomás en algunas cuestiones. Por ejemplo, condenó duramente que algunos juristas de su tiempo hubieran echado mano de una trasnochada doctrina sobre la teocracia pontifical para sustentar el dominio de los reyes de Castilla en las tierras de América. Así lo había manifestado un oidor de la Cancillería de Valladolid en 1512, a raíz de una consulta del Consejo de Indias. Este personaje, Juan López de Palacios Rubios, acudía incluso a textos de algunos decretalistas extremadamente teócratas, solo para poder encajar los principios teocráticos en los que se basaban las bulas *Inter coetera* del santo padre Alejandro VI, en las que donaba a la corona de Castilla las tierras descubiertas en América a cambio de evangelizarlas.

Otro ejemplo de la naturalidad teológica de Vitoria estuvo en su condena de la teoría que situaba a los concilios por encima del papa. Desde luego, Vitoria no comulgaba con el conciliarismo que latía en el alma de algunos nominalistas como Almain. Aunque sí defendió que el papa debía aplicar los decretos aprobados por el concilio y rubricados por él.

El dominico fue pionero en reclamar los derechos del ciudadano frente a las excesivas cargas impositivas de los reyes, añadiendo otras limitaciones al poder real. Así como la defensa del ámbito del derecho canónico frente al derecho civil. Incluso, recordaba Vitoria, aunque el poder de los obispos viene directamente de Dios y no a través del papa, el romano pontífice debe gobernar la Iglesia en comunión con los obispos del mundo entero. De modo similar, en cuanto a la filosofía política, Vitoria sostuvo una doctrina muy novedosa sobre el poder: este provenía de Dios, pero es el pueblo quien lo recibe y lo otorga a los reyes mediante el juramento de obediencia (esto fue algo que, de modo incompleto, la Iglesia tenía asimilado desde el conflicto de las investiduras del papa Gregorio VII).

Vitoria supo discrepar de sus propios maestros, por ejemplo Juan Mair, cuando afirmaba que los títulos de presencia de España en América eran la obligación de predicar a todas las gentes, basándose en que los indios eran siervos por naturaleza (según la doctrina de Aristóteles). De esos dos argumentos, tomaba el primero como válido, siempre que no se forzara a la conversión; pero negaba el segundo, pues los indios eran libres y dueños legítimos de sus propiedades. En este sentido, sostendrá que algunas leyes españolas, como la del requerimiento de Palacios Rubios, no les afectaban porque pertenecían a otra cultura y civilización. Este último aspecto es clave a nuestro modo de ver: se trata del concepto de libertad como energía, pues siguiendo a santo Tomás, definirá la libertad como: «*vis electiva mediorum servata ordine finis*» («la fuerza de elegir los medios en orden al último fin»). Para Vitoria, como para el Aquinate, la libertad es un don de Dios que no se limita a escoger entre dos posibilidades, sino una fuerza, energía, *vis*, con la que la persona puede dar gloria a Dios. Los indígenas, dirá en sus *relecciones* teológicas, son libres, personas humanas y son dueños de sus tierras, pues el dominio no se pierde ni por el pecado mortal, ni por la herejía.

Una de las aportaciones de Vitoria a la teología de la época estriba en el concepto del *sensus fidelium*, el común sentir de los fieles. Esto se aplicará al precio justo, pero también a las leyes de indias, a la misionología y al *ius sacramentarium*, el derecho aplicado a los sacramentos. A veces se ha escrito que los moralistas salidos de las aulas de Salamanca vivían una teología casuística, enredada en mil casos prácticos. Esto es incorrecto y para desmontarlo basta leer alguno de los tratados de filosofía política o de teología moral como el de Sanabria, Luis de Alcalá, Diego del Castillo, Villalón, etc., para comprobar la imprecisión de dichas apreciaciones.

La realidad es que, en los tratados sobre contratos, por ejemplo, se abordaban problemas muy concretos sobre la usura, los préstamos con interés bajo, el precio justo, etc. Vitoria se empeñó en educar tanto a los mercaderes como a los confesores, con el fin de formar conciencias no limitándose a aplicar tablas penitenciales. Los confesores surgidos en las aulas de Salamanca no vivían una teología moral casuística, sino que procuraban entender la manera de aplicar los principios de la ciencia moral a los cambiantes circunstancias y problemas de la sociedad. Se trataba de buscar en la Sagrada Escritura, en la tradición, el magisterio y los teólogos o canonistas las pautas para concluir que el sentido común de los cristianos afirma esto o aquello. Desde esa perspectiva habría que examinar a los llamados Montes de Piedad y otras entidades de crédito a bajo interés, que fueron un instrumento de capital importancia para desarrollar las vidas de muchas personas y favorecieron el bien común. En definitiva, la caridad era la causa del préstamo.

CAPÍTULO 3

EL DERECHO EN LA ERA DE LOS DESCUBRIMIENTOS

En 1492 las naves de Colón, amparadas por la Corona de Castilla y la fe de su reina Isabel, habían llegado a América y serían gobernadas en un primer momento por el almirante, tal y como figuraba en las Capitulaciones de Santa Fe. Los Reyes Católicos se apresuraron en acudir al santo padre para solicitar la entrega de aquellas tierras recién descubiertas, con el compromiso de evangelizarlas y atraerlas a la cultura y civilización occidental. Ese es exactamente el contenido de las bulas *Inter coetera* que el papa Alejandro VI les otorgó en 1493, en el trascurso de muy pocos meses.

Poco tiempo después, se crearía el Consejo de Indias para el gobierno de las tierras recién descubiertas y para vivir en todo momento de acuerdo con derecho y al sentido misional de la conquista. Por tanto, se fueron aplicando, en un primer momento, las leyes de Castilla, esencialmente, las Partidas de Alfonso X el Sabio, y se fue creando con las leyes de Indias un corpus jurídico, que será modélico en su tiempo y que sigue asombrando a los juristas.

La corona y las leyes de Indias

En 1504, ante las circunstancias de la abundante llegada de españoles a aquellas tierras para vivir en ellas, Nicolás de Ovando introdujo —con la aprobación de la reina Isabel y del Consejo de Indias— un complejo sistema de gobierno de los naturales, denominado régimen de «encomienda», mediante el cual el indio trabajaba, aprendía los diversos oficios y recibía la fe gracias a la dirección de un encomendero; a cambio ayudaban al encomendero en algunas tareas. Como la reina Isabel había establecido en su testamento en 1504 que los indios no podrían ser esclavizados —puesto que eran hombres libres y verdaderos súbditos de la Corona de Castilla—, no podrían trabajar más que en condiciones de libertad y aprendizaje. El régimen de encomiendas derivaría en abusos incontables, como los del propio Bartolomé de las Casas (1484-1566), que había sido uno de ellos en la isla de La Española. Después de haberlo reconocido, se quiso convertir en adalid de la defensa de los derechos de los indios, pidiendo constantemente su abolición hasta la misma fecha de su fallecimiento, pues veía en ese sistema el origen de todos los males.

Pero, antes que Las Casas, los dominicos ya habían sido pioneros en esa denuncia: el último domingo de adviento de 1511 en La Española se produjo un violento altercado entre los frailes —encabezados por fray Pedro de Córdoba—, recién llegados a la isla para trabajar en la evangelización de los naturales, y Diego Colón, gobernador de aquellas tierras. La acusación de fray Antón de Montesinos desde el púlpito a la hora de la homilía había sido contundente: «Tratáis a los indios como si no fueran seres humanos». La disputa llegaría al Consejo de Indias que solicitará de inmediato los correspondientes dictámenes: en el ámbito jurídico a Juan López de Palacios Rubios, oidor de la Cancillería de Valladolid; y en el teológico al dominico Matías de Paz, catedrático de la Universidad de Salamanca, que era verdaderamente una autoridad en la materia.

La conclusión de aquellos estudios fue la elaboración y publicación de las Leyes de Burgos (1513), las de Valladolid (1520) y, finalmente, la abolición del régimen de encomiendas en las llamadas Leyes Nuevas de 1542. A ese conjunto de leyes le sucederían otras muchas ordenanzas. Tantas, que en Américas se decía que las leyes se hacían, pero no se cumplían por el abundante número de ellas.

En cualquier caso, cuando alguien terminaba su mandato en Indias como virrey o como juez en una audiencia, era sometido a un juicio de residencia para comprobar que había actuado siempre de acorde a derecho. Muchas veces esos juicios terminaban en multas pecuniarias. Otras veces, como el caso de Hernán Cortés con su nombramiento de marqués del Valle, pero no de virrey, pues se había saltado el derecho al haber actuado como un «adelantado» sin poseer el título, ni contar con el permiso correspondiente ni del Consejo de Indias ni del gobernador de Cuba para conquistar México.

Francisco de Vitoria

Como sabemos, Francisco de Vitoria conocía sobradamente los problemas de América, pues muchos de los misioneros que trabajaban allí habían pasado por el convento de san Esteban o procedían de él. Vitoria los había escuchado largamente y había meditado sobre el asunto. De ahí que pudiera dictar unas *relecciones* teológicas acerca de esta materia que tuvieron una gran repercusión en el rey, en el Consejo de Indias y en el pueblo. La primera de ellas, pronunciada en 1539, versaba sobre los indios y los títulos de presencia del rey Carlos V en aquellas tierras. Comenzaba por denunciar como títulos falsos de la presencia de España, precisamente, los que se habían presentado hasta entonces para establecer un régimen de monopolio en el comercio con las Indias.

Que se enfrentara al poder civil defendiendo los derechos de los indios y basando sus argumentos en la dignidad de la persona era un punto importante a su favor. Pues afirmará que el dominio de los indios no se perdía por el pecado. Eran, por tanto, dueños de sus tierras. Además, Vitoria criticó el supuesto argumento basado en que el santo padre se las había concedido a España: el papa no era *dominus orbis* (señor de todo el mundo) por ser sucesor de Jesucristo; además tampoco podía donar esas tierras al rey de Castilla, porque ya tenían dueño.

Seguidamente, estableció unos pocos títulos de presencia en América que en realidad quedarían reducidos a uno: la libertad de comerciar en cualquier lugar del mundo y la obligación como cristianos de viajar hasta allí para trasmitir la verdadera fe según el mandato de Jesucristo (cfr. Mt 28, 19). Ese conjunto de principios que iban más allá del derecho de gentes de la época le hicieron merecedor del título de fundador de derecho internacional.

Es interesante que la segunda parte de la *relección* sobre los indios tuviera lugar en el propio 1539, y el título fuera sobre la guerra. En esa disertación reiteraba que el requerimiento de Juan López de Palacios Rubios, un ardid para tranquilizar las conciencias en el que se les invitaba voluntariamente a pertenecer a la Corona de Castilla, era realmente inútil y jurídicamente sin sentido, puesto que se realizaba en una lengua que no entendían los nativos y, sobre todo, mostrando las armas y el poderío militar que evidentemente amedrantaba a los naturales en la decisión que teóricamente debían tomar para evitar la violencia.

Precisamente, en esa *relección* había un eco de sus esfuerzos de evitar las guerras en España y Francia al ser ambos monarcas católicos y, por tanto, deberían solventar sus diferencias de otro modo más cristiano. Como es sabido el emperador Carlos V escribió al prior de san Esteban y solicitó una información pormenorizada de lo que se había dicho en sermones y en las *relecciones* sobre la materia.

Un balance

El tratamiento del Consejo de Indias y las propias leyes de Indias tomaron otro rumbo desde 1539 en adelante y, aunque siguieron los descubrimientos y la implantación de Castilla en las tierras que se iban incorporando a la corona, todo se fue haciendo de acuerdo a derecho. Así, la pacificación de Centroamérica o el imperio del Yucatán se llevó a cabo de modo mucho más lento que en el imperio azteca o inca, y nunca se aplicaron los regímenes de encomienda. Efectivamente, basta con pasear en la actualidad por el interior de Costa Rica, Guatemala o Honduras para encontrar una mayoría abrumadora de indígenas, pocos descendientes de criollos y muy pocos negros.

La conquista se llevó a cabo por la vida de los hechos consumados, pues se incorporaron a la civilización cristiana de nueva planta que estaba surgiendo en toda América una mezcla de costumbres indígenas con las tradiciones castellanas que llevaron los españoles a aquellas tierras. En el imperio azteca e inca, donde el Dios cristiano había vencido al dios local, se produjo un sistema de incorporación a la nueva soberanía y aceptación implícita de las leyes de Indias. Asimismo, los españoles fueron detentando el poder municipal y lo fueron traspasando a los criollos y de ellos a los indígenas que de modo natural fueron incorporándose a la nueva civilización. También se notaba en las corporaciones que se iban creando, hermandades y cofradías, o asociaciones gremiales que se fueron instalando.

Recordemos que el derecho romano se vertebraba sobre la persona humana, con lo que fue muy fácilmente asimilado por la cultura y la civilización cristiana. Esto tuvo consecuencias inmediatas en las obras de Francisco de Vitoria al considerar al hombre, centro del derecho, como un ser abierto a lo espiritual y a lo natural. Por tanto, el derecho natural derivará del derecho eterno y sustentará las leyes civiles. Existe para Vitoria como para santo Tomás una relación entre derecho y teología, entre conciencia y derecho y una subordinación de las leyes positivas, natural y eterna del creador.

En Vitoria y sus discípulos el orden y la armonía entre derecho, ética y economía era algo lógico pues el concepto que manejaban de persona era la persona cristiana no el hombre pagano. De ahí que hablen de un derecho como el arte de lo bueno y de lo justo. Evidentemente, para Vitoria las leyes deben ser obedecidas en conciencia y aunque se distinga entre pecado y delito, en la práctica ambas se entienden como ordenes complementarias.

Como hemos señalado antes, para Vitoria las tierras descubiertas en América no son *res nullius* (propiedades sin dueño), ni tampoco pueden ser entregadas por el santo padre a los reyes, pues el papa no es *dominus orbis* (señor temporal del mundo). Por tanto, el único título de presencia de España en América sería el de la comunión de bienes, mercancías, intercambio de personas y, sobre todo, el de la predicación del Evangelio. Indudablemente, el orden jurídico estará detrás de todas las leyes de la conquista y de todas las condenas de los «juicios de residencia» que se efectuaba a todos los que ejercitaron funciones civiles: jueces, oidores, virreyes etc., con el fin de evitar que nadie se enriqueciera. La virtud de la justicia estaba en juego en América y en cada etapa de la historia y del magisterio de Vitoria. En esto no hay ninguna duda ni vacilación. Algunos autores señalarán que el fundador del derecho internacional habría sido un verdadero «defensor radical de los indígenas», mucho más que Bartolomé de Las Casas, quien durante toda su dilatada existencia se limitó a insistir en la corte acerca de la abolición del régimen de encomienda.

CAPÍTULO 4

LA EVANGELIZACIÓN PACÍFICA

En las siguientes líneas vamos a explicar cómo intervino la Escuela de Salamanca en la evangelización pacífica de América, asunto que tiene su interés para nuestro trabajo pues expresa cómo las ideas nucleares de la Escuela de Salamanca se aplicaron a esta delicada cuestión.

En primer lugar, hemos de recordar que los misioneros dominicos que fueron a América para trabajar en la evangelización de los naturales fueron escogidos por la propia orden dominicana y sufrieron un examen de vida y de doctrina por parte del Consejo de Indias, pues se suponía que los indígenas eran neófitos en la fe y por tanto había que evitar los malos ejemplos y, por tanto, buscar instrumentos dotados de santidad de vida y con capacidad para aprender lenguas, reciedumbre y fortaleza para soportar climas extremos y las demás incomodidades de la vida americana.

Desde el comienzo, las grandes órdenes religiosas se ofrecieron a colaborar con toda el alma en esa tarea misionera y pusieron a disposición del Consejo de Indias los mejores religiosos que, a su vez, procedían de los conventos reformados de las distintas órdenes y congregaciones. Muchos de esos religiosos, antiguos alumnos de Francisco de Vitoria que se habían formado en los principios de la Escuela de Salamanca, vibraron con la misión apostólica de la Iglesia y renovaron los afanes misioneros de la orden creada por santo Domingo de Guzmán (1170-1221).

Aunque desde la primera expedición de Colón se ha hablado de la presencia de un fraile mercedario, no se ha podido documentar. Sí está comprobado que otro mercedario, fray Bartolomé de Olmedo, acompañó a Hernán Cortés en su conquista de la Nueva España y sujetó sus impulsos en muchas ocasiones. En cualquier caso, los primeros que llegaron oficialmente a América fueron los dominicos, en 1511 y, enseguida, los franciscanos. Una vez comprobada su eficacia, capacidad de adaptación y entrega sin límites, se fueron invitando a participar al resto de las grandes órdenes y congregaciones religiosas, mercedarios, agustinos, etc., hasta los jesuitas, que llegaron en 1570.

Como expresó muy bien el gran documento de misionología que es la *Redemptoris missio* de Juan Pablo II (1987), primero se comenzó con la llegada de las órdenes religiosas y se fueron estableciendo conventos y curatos desde los que se catequizó y evangelizó a los naturales. Lo que después se completó con la llegada de sacerdotes seculares que atendían las parroquias y las catedrales que se fueron construyendo. Mientras, los religiosos proseguían avanzando la evangelización en las nuevas tierras pacificadas donde establecían las primeras comunidades cristianas. Finalmente, venía la separación de las Iglesias locales, nombramientos de obispos, establecimiento de los seminarios y noviciados, etc.

Uno de los hechos más importantes de la evangelización americana fueron el establecimiento de las primeras universidades de México y Lima en 1550 y 1551, tras el fallido intento de la de santo Domingo en la actual República Dominicana. Impresiona la clarividencia del Consejo de Indias que retiró de la evangelización directa a los mejores dominicos y de otras órdenes, para que imitaran a Francisco de Vitoria y dieran aire a las primeras universidades americanas que se constituyeron copiando los estatutos de la Universidad de Salamanca.

Es interesante la lectura de las cartas a Felipe II del obispo de Guatemala, Francisco Marroquín. Comienza por pedirle dinero para construir templos y conventos y misioneros de todas las órdenes, para terminar solicitando discípulos de la Escuela de Salamanca para la Universidad de Santiago de los Caballeros (la *Antigua* capital de Guatemala) que acababa de crear, y en la que hoy día sigue habiendo una representación de un aula y de la figura de Francisco de Vitoria impartiendo clase.

Volvemos a recordar que adoptaron el método teológico de Francisco de Vitoria, llevando la *Suma teológica* como libro de texto para la enseñanza de la teología, o los comentarios sobre *La justicia y el derecho* de Domingo de Soto para las clases de *utriusque iuris* en las facultades jurídicas.

Nos parece muy ilustrativo de la inculturización que siempre promovió Francisco de Vitoria el que en esas universidades se impartieran clases de las lenguas más comunes en América, pues se trataba de llegar al corazón y a la cabeza de los naturales al exponerles el tesoro de la revelación cristiana en su propio idioma, sin traductores, y conociendo la historia, el derecho y la cultura de aquellas gentes. Gracias a esos esfuerzos conservamos diccionarios, gramáticas, historias ancestrales y costumbres de comunidades indígenas que terminaron por desaparecer.

Bartolomé de Las Casas y la controversia de Valladolid

Para profundizar en el método de evangelización que desarrollaron los misioneros en América, hemos de referirnos con cierto detenimiento a la gran disputa de Valladolid de 1551, donde se debatió abiertamente, después de unos años de evangelización, acerca de los métodos que deberían ponerse en marcha en adelante. En esa disputa intervino, por una parte, Bartolomé de las Casas, que había pertenecido al clero secular sevillano y que se había trasladado a La Española, trabajando allí como encomendero. Tras su conversión, pasó a convertirse en «el defensor de los indios» y habría promovido la evangelización sin presencia de las tropas en la costa del Dairén, que terminó con la muerte de los españoles a manos de los indígenas. Ante aquel fracaso se hizo dominico, fue nombrado poco tiempo después obispo en Chiapas y, finalmente, permaneció en la corte en Madrid abogando por los derechos de los indios.

Frente a Las Casas estaba Juan Ginés de Sepúlveda (1490-1573), un humanista muy culto y plenamente renacentista que apenas conocía la teología pastoral de Francisco de Vitoria, aunque sí las principales tesis católicas acerca de la evangelización. Partía de la base de que a los indígenas, de acuerdo con su primitivo estado de atraso (ni siquiera conocían la rueda), podían aplicárseles las ideas de Aristóteles, según la cuales debían ser tratados como «siervos por naturaleza» y, por tanto, podrían ser conminados a aceptar la verdadera fe, ser esclavizados sin dilación y, por supuesto, ser desposeídos de sus tierras que serían repartidas entre los españoles que fueran llegando a aquellas latitudes.

El árbitro de la contienda fue el catedrático de la Escuela de Salamanca, Domingo de Soto, el más importante discípulo de Vitoria, al que debemos un completo sumario de la disputa. En él se recogen las largas diatribas de Las Casas, en las empleaba en parte la doctrina tradicional de la Iglesia y de los dominicos acerca de la evangelización de los pueblos. No obstante, Domingo de Soto debió corregir algunas cuestiones del discurso de Las Casas como señalaremos enseguida. Su condena de Sepúlveda es completa pues, al igual que Vitoria, Soto defenderá la dignidad de toda persona humana y por tanto su libertad y capacidad de dominio sobre sus tierras y pertenencias.

Una crítica importante a Las Casas es la referida a la descripción de los hechos en su *Historia de las indias*, llena de colorido, pero plagada de exageraciones e inexactitudes históricas. También conviene recordar que el gran error de Las Casas fue exigir a los encomenderos, y a los españoles en general, que cambiaran el orden en el desarrollo del rito de la confesión, reclamando la restitución de los bienes que se hubieren apropiado antes de la absolución sacramental. Este error provocó su estrepitoso fracaso como obispo de Chiapas y, por tanto, en la defensa de los naturales. Domingo de Soto lo señalará delicadamente en su sumario, pero el Consejo de Indias, desde entonces, tomó buena nota para atacar en adelante duramente al «defensor de los indios».

Respecto al método de evangelización y a la obligación de predicar el Evangelio, Bartolomé de Las Casas repitió, con una ingenuidad poco realista, el contenido de su tesis doctoral como dominico, que había publicado en su tratado *De unico vocationis modo* del que se conserva solo una parte. En esa obra, plagada de citas de Francisco de Vitoria y de Domingo de Soto, resumía el método evangelizar llevado a cabo por los primeros cristianos que los dominicos habrían llevado a aquellas tierras: la necesidad de una evangelización pacífica donde no apareciera la fuerza militar. Sabemos que esas teorías fueron aplicadas por él mismo al fundar una misión en la actual Venezuela, donde había llevado a unas cuantas familias traídas de Castilla que terminaron por ser masacradas por los indios. Conviene observar que nunca más se repitió esa experiencia, y que los misioneros solo llegaban a los lugares donde los indígenas se habían unido a la Corona de Castilla y estaban pacificados.

Experiencias y conclusiones

Unos años antes de la controversia de Valladolid, Francisco de Vitoria y Domingo de Soto habían realizado un dictamen (1542) sobre la evangelización en Nueva España, para resolver el pleito entre franciscanos y dominicos acerca de los tiempos del bautismo y la catequesis prebautismal. Allí establecieron las bases para una más acertada «evangelización pacífica» que la preconizada por Bartolomé de las Casas. También inspirarían el llamado «método de los doce apóstoles», que describe el gran historiador de la teología Melquiades Andrés: sin duda los primeros misioneros dominicos o franciscanos podían haber adoptado como método evangelizador la *Suma contra gentiles* de santo Tomás de Aquino, o las catequesis de san Juan Crisóstomo, o cualquier otro sistema. Pero —siguiendo la propuesta salmantina— eligieron exactamente el mismo método que usaron los doce apóstoles en su quehacer evangelizador, cuando se desperdigaron por los cuatro puntos cardinales.

Es interesante recordar el tratado *De vera religione* de san Agustín, que se preguntaba en el siglo IV si la Iglesia había cumplido con el mandato de Cristo del día de la ascensión del Señor: «Id, pues, y haced discípulos a todos los pueblos, bautizándolos en el nombre del Padre y del Hijo y del Espíritu Santo; y enseñándoles a guardar todo cuanto os he mandado. Y sabed que yo estoy con vosotros todos los días hasta el fin del mundo» (Mt 28, 19-20). Por tanto, cuando los misioneros llegaban a una tierra recién conquistada o sometida a los reyes de Castilla, bien directamente si conocían la lengua de los naturales o bien a través de traductores, narraban sencillamente la vida de Jesús: su nacimiento, su vida oculta, su vida pública, la pasión, muerte y resurrección, ascensión a los cielos y finalmente, la llegada del Espíritu Santo sobre los apóstoles y la evangelización del mundo. Seguidamente, como ha expresado con abundantes ejemplos José María Iraburu en su obra *Los hechos de los apóstoles en América*, sucedieron muchos milagros y acontecimientos espirituales que removían a los indígenas a creer en Jesucristo y pedir el bautismo enseguida. Así, narra el franciscano fray Toribio de Benavente, en Nueva España (México), durante el escaso plazo de diez años se bautizaron, uno a uno, más de ocho millones de indios.

La referida «disputa sobre los bautismos» en Nueva España tuvo su origen cuando dominicos y franciscanos discutieron acerca de los plazos que debían discurrir para impartir el bautismo: si debían guardarse los tiempos que marcaba la liturgia desde los primeros años de la Iglesia, o si convenía impartir el bautismo una vez comprobado que habían entendido a lo que se comprometían y recibida la necesaria catequesis para conocer la vida de Nuestro Señor Jesucristo y el credo o símbolo de los apóstoles. Por tanto, estamos hablando del respeto a la libertad que se ha vivido siempre en la Iglesia: la persuasión al evangelizar, de la que hablaron los padres de la Iglesia; pues no tendría sentido bautizarse si no se va después a caminar en el conocimiento y amor de Jesucristo y su doctrina salvadora.

De ese modo, Benedicto XVI afirmaba en el documento de anuncio del año de la fe (*Porta fidei*) que bautizarse es cruzar el umbral y entrar en la Iglesia; pero no para vivir una «fe congelada» sino para llegar hasta el fondo y buscar la intimidad con Jesucristo: «No se comienza a ser cristiano por una decisión ética o una gran idea, sino por el encuentro con un acontecimiento, con una persona, que da un nuevo horizonte a la vida y, con ello, una orientación decisiva» (*Deus caritas est*).

Así se entiende que durante siglos en las parroquias de indios y curatos se explicase de forma continuada alguna parte de la doctrina cristiana. Era una manera de ayudarles a madurar en la fe que se les proponía, antes de bautizarles. Si no aceptaban, los misioneros se dedicaban a las obras de misericordia en el poblado antes de repetir la catequesis bautismal, empleando así el método de la persuasión. Lo impresionante son las cifras de bautismos en todas partes y, más impresionante aún, las catequesis que desde entonces se desarrollan los domingos en muchos lugares.

La incorporación a los demás sacramentos se fue haciendo paulatinamente igual que la ordenación sacerdotal y episcopal de los indígenas. Durante tiempo fueron o españoles o criollos hasta que se consideró que se había consolidado. Recordemos, asimismo, que gran parte de la tarea evangelizadora la llevaron a cabo los laicos que llegaban a América, tanto como soldados, marineros o como aventureros que intentaron allí ganarse la vida. Ellos organizaron las hermandades y cofradías, prepararon autos sacramentales, enseñaron a los indígenas a confesarse, a acudir a los sacramentos o a hacer la señal de la cruz al entrar o salir de casa.

CAPÍTULO 5

EL PROBLEMA DE LA ESCLAVITUD

Con la decisión de la reina Isabel en su testamento (1504) de prohibir la esclavitud de los naturales de América, puesto que eran ciudadanos de Castilla, con las obligaciones y derechos correspondientes y disuelto el régimen de encomienda de los naturales y devueltas las tierras, pronto se plantearía el problema de la falta de mano de obra, especialmente para la extracción del oro y la plata de las minas y, tiempo después, para trabajar en las grandes plantaciones de caña de azúcar y otros productos que terminarían por llegar como un flujo constante a Europa.

El propio Bartolomé de las Casas, que había alabado la valentía de Francisco de Vitoria para condenar el régimen de encomienda y había recomendado devolver el dominio de las tierras a los indios, también empezó por animar a solucionar el problema con el envío de esclavos africanos a sustituir a los indígenas. Pero aquí es preciso recordar que el régimen de los Reyes Católicos y de sus sucesores no era un régimen esclavista, como podría ser el régimen de los otomanos o del califato de Córdoba, donde el esclavo era siervo por naturaleza, como una cosa animada a la que se podría destruir, sin derechos de ningún tipo. La irrupción del cristianismo fue clave en la historia de la esclavitud al proclamar la igualdad absoluta de todos los hombres ante Dios. Tardará siglos en darse la abolición de la esclavitud, pero el punto de partida para su supresión —la dignidad de toda persona humana— había quedado establecido.

Historia del problema

Los cristianos no intentaron, en sus orígenes, abolir la esclavitud. Su planteamiento se sitúa en un plano superior: la novedad y radicalidad del Evangelio coloca el estado del hombre en un plano muy inferior al de la gracia. Parece como si ser esclavo o libre fuera de segundo orden, comparado con estar o no incorporado a Cristo mediante el bautismo, como fue el caso de personajes como Onésimo y Filemón, o familias enteras que se convertían y bautizaban, esclavos incluidos. Así dice san Pablo a Tito: «Que los esclavos se sometan en todo a sus propios dueños, sean complacientes, no respondones, ni hurtadores, sino dando pruebas de completa fidelidad, para que en todo hagan honor a la doctrina de Dios nuestro Salvador» (1 Tit 2, 9). Y en la epístola a Timoteo: «Todos los que están bajo yugo como esclavos consideren a sus dueños dignos de todo honor, para que no se blasfeme el nombre de Dios y de la doctrina» (1 Tim 6, 1).

En este texto se ha visto la recomendación de sumisión a los esclavos creyentes para evitar que se acuse a la Iglesia de no respetar las leyes. La consecuencia lógica de lo anterior es que las relaciones entre amos y esclavos cristianos debían ser fraternales, sin dejar de ser de dependencia. En el Nuevo Testamento, por tanto, parece que no hay una condena expresa de la esclavitud. Incluso, en aras a la santidad y la humildad, se podría decir que se da una cierta exaltación del estado servil, por ejemplo, cuando Jesús lava los pies a los discípulos (cfr. Io 13, 6).

En la epístola de san Pablo a los Corintios se dice más explícitamente: «Que cada uno siga en aquella situación en la que fue llamado. ¿Fuiste llamado (en situación de) esclavo? No te preocupes. Al contrario, aunque puedas hacerte libre, aprovéchate más bien (de la situación); pues el que fue llamado en el Señor (en situación de) esclavo, es un liberto del Señor» (1 Cor 7, 2024). Así pues, no parecía urgente el conseguir cambios en la situación social de cada uno y sí, en cambio, la conversión espiritual. Algunos autores han señalado que la manumisión exigía del esclavo un esfuerzo tal, que sin duda podía ocasionar grandes dificultades para llevar una vida cristiana. Probablemente por esto san Pablo recomienda a los esclavos cristianos que no se preocupasen por conseguir una libertad formal.

Así pues, los cristianos intentaron resolver los problemas y las injusticias sociales del medio en el que se desenvolvían, pero con los medios a su alcance. Así, ante la imposibilidad de la supresión de la esclavitud sustentada por las leyes y por el Estado, crearon una conciencia distinta en la que las cosas de este mundo —los valores sociales, por ejemplo— no tuviesen tanta importancia. De esta forma, buscaron abolir las diferencias sociales; si en aquella época era revolucionario que un esclavo exigiese su libertad, más revolucionario era que le resultase indiferente ser esclavo o libre. En ese mismo instante comienza el largo proceso de la abolición de la esclavitud, pues nadie debe ser esclavizado por otro, puesto que somos imagen y semejanza de Dios y dotados de una dignidad. Esta es la doctrina de Vitoria siguiendo la tradición de la Iglesia.

Pronto comenzarían a sumarse más y más leyes exigiendo la manumisión de los esclavos, que pudieran formar su propia familia y cuyos hijos ya no fueran esclavos. Valorar los años de servicio, dejarles ahorrar para comprar su libertad, impedir que un cristiano tuviera a otro cristiano por esclavo, que un judío tuviera como esclavo a un cristiano, etc.

Así, por ejemplo, prohibieron la reventa de esclavos cristianos a infieles, lo que recuerda el papa Clemente V en el Concilio de Vienne (13111312). Pero Nicolás V, en un Breve de 1452, permite al rey portugués Alfonso V esclavizar infieles, paganos y enemigos de Cristo. Posteriormente, en 1462, Pío II condena la trata de esclavos negros. Paulo III, en 1537, interviene a favor de la libertad de los indios prohibiendo su esclavitud, etc.

La propuesta de la teología

La escolástica medieval se replanteó la interpretación de la esclavitud realizada por Aristóteles. Para santo Tomás, no había hombres que fueran esclavos por naturaleza, pues todos los hombres son iguales ante Dios. Pero admitía una esclavitud legal, por la que algunos individuos inferiores que produce la naturaleza puedan ser esclavizados por los hombres superiores. Respecto a la licitud de la esclavitud, la consideraba como un mal menor, y la vida de esos seres humanos era mejor que su muerte. También san Buenaventura veía en el origen de la esclavitud el pecado y la guerra.

Después del descubrimiento de América se puso en marcha el sistema de encomiendas mediante el cual un grupo de indios eran confiados a un español, denominado encomendero, para que les enseñara a trabajar y educara en la fe. La Junta de Burgos, de 1512, depuró los abusos que se habían producido. Verdaderamente no era un régimen de esclavitud, pero sí fuente de errores y excesos. Fue constantemente reformado y en 1542 abolido con las Leyes Nuevas, aunque realmente su ocaso comienza con las Leyes de 1551.

Así las cosas, Francisco de Vitoria se preguntaba si la causa de la esclavitud era legal. No se planteó el hecho en sí, ni la malicia de la trata. De acuerdo con el derecho vigente, el *ius belli* (derecho de guerra) de su tiempo, admitía la esclavitud de los capturados en una guerra justa o sencillamente el someterles a trabajos forzados, pues se entendía que esta era mejor suerte que el darles muerte. Estos extremos se pueden leer en los tratados *De ustitia et iure* de la época y en las *relecciones* de Vitoria, Soto o Báñez.

Lógicamente, estas afirmaciones significan que el derecho de la época admitía la trata de esclavos, es decir, la compraventa. También Vitoria y, sobre todo, Tomás de Mercado, en su *Suma de tratos y contratos*, habían levantado la voz para plantearse si el origen de los esclavos que estaban llegando a América provenía de una guerra justa y, por tanto, si eran verdaderos esclavos fruto de la guerra justa. Como afirmaba el profesor Castañeda: «tenemos prisa en advertir que la servidumbre que permitían los teólogos era la civil, no la rígida esclavitud pagana. La tesis del personalismo cristiano no puede tolerar la idea de que algunos hombres sean naturalmente esclavos. Esta esclavitud legal fue admitida en la Edad Media, como consecuencia del *ius gentium*. Según ellos, Aristóteles enseñaba que hay hombres que son siervos por naturaleza, porque los individuos necios por nacimiento no pueden gobernarse por sí mismos y deben ser dirigidos por otros superiores; pero no dice Aristóteles que algunos sean esclavos de nacimiento. Así entienden los teólogos los textos de Aristóteles». De hecho, Domingo de Soto reconocerá que el hombre puede ser objeto de dominio, pero no de un dominio sobre una *res* (cosa), sino de un dominio políticosocial.

Es interesante la opinión de Luis de Molina, buen conocedor de la trata de negros llevada a cabo por Portugal. Después de estudiar a fondo el problema concluirá que lo mejor sería reunir una Junta de Teólogos que dictaminaran. Para lo cual señalaba cuatro premisas fundamentales: «cuando hay guerra justa contra los negros se pueden esclavizar»; «si han sido condenados a muerte y comprándolos se les libra, es buena obra»; «más oscuro es el caso de comprar un esclavo por una baratija»; y finalmente considera «la trata como injusta e inicua».

Sin embargo, la actuación de Bartolomé de Las Casas es confusa al respecto. Pasó de ser un clérigo encomendero más, a hacerse dominico en 1512, y posteriormente se convirtió en un acérrimo defensor de los derechos de los indios. Sin embargo, apoyó el envío de esclavos negros a América para sustituir a los naturales en los trabajos más duros. Así pedía en una carta al Consejo de Indias en enero de 1531, desde Puerto Plata: «Prestar a cada una de estas islas quinientos o seiscientos negros... para que se distribuyan por los vecinos e que hoy no tienen otra cosa sino indios: e los que más vecinos vinieren, a tres e a cuatro e a seis, según que mejor paresciere... e se los fíen por tres años hipotecados los negros a la mesma deuda...». Y que concedan «libremente a cuantos quisieren traer licencias de los negros». Posteriormente cuando descubrió el fraude de la trata africana la denunciará como ilícita, pero sin acabar de condenar la esclavitud como tal.

Desde la renovación teológica operada en Salamanca con Francisco de Vitoria, Melchor Cano, Domingo de Soto, Domingo Báñez o Diego de Covarrubias, y llevada a las universidades españolas y americanas, el concepto teológico de la dignidad de la persona humana fue calando en el derecho. En unos años la batalla de la libertad de los indios estuvo ganada. Pero no lograron captar el fondo de la cuestión, pues la esclavitud como tal no se tambaleó, pero si se reforzó la atención a los esclavos.

Más adelante, con el desarrollo de los tratados de moral económica propiciados desde la Escuela de Salamanca, volvió a plantearse la licitud de la esclavitud. Por ejemplo, Fray Tomás de Mercado, en su *Suma de tratos y contratos*, no condenó la esclavitud, pero aconsejó no comerciar con la trata de negros, pues difícilmente quien lo hiciera podría estar exento de pecado. También, Bartolomé Frías de Albornoz en 1573 en su *Arte de contratos* siguió en la misma dirección que Tomás de Mercado, aunque avanzando más en el rechazo de la trata. Más claro hablaron Fray Francisco José de Jaca y Fray Epifanio de Moirans, capuchinos, que redactaron en 16811682 sendos memoriales contra la esclavitud, pero fueron expulsados de las Antillas y requisadas sus obras por el Consejo de Indias. La Iglesia siempre insistió en el buen trato de los esclavos, buscó su salvación e impulsó a los amos a la cristianización. Hay que destacar la postura de los obispos canarios del siglo XVI, que llegan a proposiciones casi preabolicionistas.

Junto a la vertiginosa acción evangélica sobre los indios y la rápida construcción de una sociedad cristiana de nueva planta, se procuró la atención material y espiritual de los esclavos negros. Ejemplo de ello fueron las actuaciones de Alonso de Sandoval, San Pedro Claver, San Martín de Porres y muchos más, que dedicarán su vida a los negros. También dedicaron atención a esta materia los sínodos americanos postridentinos. Son voces aisladas, pero suficientes para mostrar la preocupación pastoral de la Iglesia. La firme admisión a los sacramentos de los negros y su atención solícita en abundantes áreas produjo que empezara a crecer una mentalidad abolicionista de hecho.

Hacia la abolición de la esclavitud

El número de autores abolicionistas empezó a crecer con la Ilustración. Ayudaron a este movimiento los excesos y crueldades que, aunque se circunscriben al Caribe, Brasil y Estados Unidos, fueron motivo de un gran desasosiego para muchos intelectuales. La situación en el siglo XIX en esos lugares era ya insostenible. La dureza de la vida de los esclavos era tal que se daba por vida media activa de un esclavo siete años. En este sentido es habitual la distinción entre el sistema de vida de los esclavos sudamericanos y el de los norteamericanos.

El hecho es que cuando empezaron a aparecer los primeros decretos abolicionistas del siglo XIX quedaban en Europa pocos esclavos por manumitir. La abolición se produjo escalonadamente en aquellos lugares donde eran todavía la base de la economía: Cuba, Estados Unidos, Brasil, etc. En España desde 1836 no se podían traer a la península esclavos de ultramar. Finalmente, se abolió la esclavitud en las últimas colinas de Puerto Rico

(1873) y Cuba (1880). En Cuba los esclavos tuvieron que trabajar para sus amos hasta 1886. El Estado era el principal sustento de la institución y, cuando la Revolución francesa estableció que ningún hombre podía poseer a otro, la institución se resquebraja. En 1833 fue abolida la esclavitud en el Imperio británico. Y en 1863 en los Estados Unidos de Norteamérica.

Gracias a actuar más humanamente y pensando en el futuro de los esclavos se pudo salvar una crisis humanitaria de primer orden, como se puede observar en la actualidad. En efecto, así ocurrió en la isla de La Española, dividida en la República Dominicana y Haití: allí, el Gobierno francés decretó de la noche a la mañana la libertad y los esclavos mataron a sus dueños y se quedaron con las tierras en un régimen de anarquía que todavía continúa en algunos lugares. En la parte española se fue decretando la libertad a los mayores y a las familias con niños pequeños, mientras que al restó se le concedió poco a poco, según fueron cambiando el régimen de vida de esclavos a asalariados con un sueldo y manteniendo las atenciones humanitarias que antes recibían.

Es importante resaltar que la comparación entre la legislación española y las demás sobre los esclavos del siglo XVIII muestra una mayor humanidad a favor del código español. Finalmente conviene recordar cómo la Iglesia intervino en aquellos años con dos condenas explícitas de la esclavitud, la primera de Gregorio XVI en 1837 en una encíclica exhortando a los obispos de Brasil para que se opusieran a la esclavitud, y la otra en una carta del papa León XIII a los mismos obispos de Brasil quejándose de que todavía perdurase la esclavitud en algunos lugares del país. Desde las cartas de san Pablo y el tratamiento que proporciona al esclavo Onésimo en una de sus epístolas, la Iglesia había hecho suya la crítica de las sociedades esclavistas, como algo inhumano y poco cristiano. El esclavo para los primeros cristianos era una persona humana sujeta a derechos y obligaciones que podía ser admitida al bautismo y a los demás sacramentos.

CAPÍTULO 6

LA REFORMA DE LA IGLESIA, EL CONCILIO DE TRENTO Y LA ESCUELA DE SALAMANCA

En 1545, después de muchos intentos, estando ya el protestantismo[1] extendido por toda Europa y dividido a su vez en varias confesiones (luterana, anabaptista, calvinista, anglicana, etc.), se convocó por fin la primera etapa del Concilio de Trento donde fueron llamados Francisco de Vitoria y Domingo de Soto como teólogos imperiales. No olvidemos que Trento fue el último concilio organizado por naciones, que agrupaban a sus obispos y teólogos, y llevaban propuestas concretas al aula conciliar. Sus sesiones tuvieron que suspenderse por dos veces, por lo cual intervinieron diversos teólogos imperiales —muchos procedentes de la Escuela de Salamanca— en cada uno de esos periodos.

1 Sobre este tema de la Reforma sugerimos al lector una interesante visión, en cierta forma de contrapunto, que recoge el libro de esta misma editorial: *Lutero, Calvino y Trento. La Reforma que no fue*, de Fernando Díaz Villanueva y Alberto Garín.

Recordando que Francisco de Vitoria renunciaría a acudir al concilio por motivos de salud y fallecería poco tiempo después, en este capítulo queremos llamar la atención sobre el protagonismo que tuvo la Escuela de Salamanca en las resoluciones emanadas de Trento. De hecho, terminó por imponerse la opinión de Vitoria acerca de compaginar en el Concilio las materias doctrinales y dogmáticas con las pastorales, encaminadas a la reforma de las costumbres.

Primera etapa (1545-1547)

En lugar de Vitoria fueron Bartolomé de Carranza, confesor del rey y futuro arzobispo de Toledo, y Domingo de Soto, catedrático de Vísperas en la Facultad de Teología de la Universidad de Salamanca. La actividad de estos dos grandes maestros será clave en esta primera parte del Concilio de Trento que durará desde 1545 a 1547. Allí, el ambiente que se encontraron era muy difícil; pero la reforma de la teología en Salamanca y, en general, en los dominicos españoles estaba bastante consolidada, lo que contrastaba con otros entornos católicos. Soto y Carranza predicarán en las primeras sesiones del concilio y tendrán que trabajar mucho para esclarecer la doctrina. El propio Domingo de Soto sustituirá al general de la Orden Dominicana en sus funciones, durante gran parte del concilio, participando no solo en la congregación de teólogos, sino también en la general.

Estas primeras sesiones se dedicaron a las fuentes de la revelación. Así, en la sesión IV se abordó la cuestión de la revelación: la tradición y los Libros Sagrados son —en pie de igualdad— los dos cauces del Evangelio de la salvación en la Iglesia. La Sagrada Escritura y la tradición se equiparan (*pari reverentia*) como fuentes de la revelación divina. Se añadió una disposición disciplinar sobre el texto de la Vulgata, declarándolo como auténtico y oficial en la Iglesia, y se recordaron los decretos del Concilio de Florencia dictando el canon de los libros de la

Sagrada Escritura. Finalmente se recordaron los sentidos y uso de la Escritura, así como la mediación del magisterio de la Iglesia para su interpretación.

Una vez aclarada la cuestión planteada por Lutero acerca de la *sola Scriptura,* el concilio pasó a abordar la cuestión teológica del pecado original. La sesión V era de una particular importancia. Se condenó tanto la perspectiva pelagiana (la salvación con las solas fuerzas humanas), como la luterana que confundía el *fomes peccati* (la concupiscencia) con el pecado personal. De este modo, el concilio llegó a la cuestión de la justificación, asunto nuclear en la teología luterana: estamos en la sesión VI. Aquí la intervención de Domingo de Soto fue particularmente importante. En esos momentos había terminado de redactar y dar a la imprenta en Venecia su tratado *De natura et gratia* donde sostenía la eficacia intrínseca de la gracia, no tanto como premoción física, sino como predeterminación moral objetiva: «Dios no nos atrae como si fuésemos un rebaño (o sea, a la fuerza, físicamente)... sino iluminando, dirigiendo, atrayendo llamando, instigando».

Al tiempo que publicaba su *De natura et gratia,* donde exponía su personal interpretación del decreto *De iustificatione* tridentino, Soto era combatido por Ambrosio Catarino. Nuestro dominico había sostenido que, fuera de una revelación divina, no se puede tener certeza moral de la salvación. Esta era la opinión católica tradicional. Catarino imprimió, también en Venecia, su particular interpretación del decreto tridentino, donde mantenía, en cambio, que de hecho bastaba una simple asistencia del Espíritu Santo para que un alma tuviera certeza de que se hallaba en gracia de Dios. La polémica resultó agria, especialmente por parte de Catarino, invadiendo este otros temas teológicos: la imputabilidad del pecado original o la atención del ministro para la válida confección del sacramento.

El decreto *Sobre la justificación* recuerda la existencia del pecado original y la necesidad de la redención del género humano, obrada gratuitamente por Jesucristo. Por tanto «el principio de la justificación misma en los adultos ha de tomarse de la gracia de Dios preveniente por medio de Cristo Jesús». También, recordaba la llamada a la santidad, mediante los sacramentos y las buenas obras; o la necesidad de la gracia de la perseverancia final para alcanzar la salvación.

Así las cosas, en marzo de 1547 el concilio fue transferido a Bolonia. Desde Roma no se veía bien que la sede conciliar estuviera en una zona de influencia del emperador; por otra parte, una preocupante epidemia había hecho que dejaran Trento algunos obispos, la mayoría italianos, principales sostenedores de la preponderancia pontificia. A Carlos V no le pareció bien el traslado, pues dificultaba la posible presencia de los protestantes, y esto hizo que catorce prelados de la facción imperial se quedaran en Trento. En Bolonia hubo reuniones de teólogos, pero no se promulgó ningún decreto; y como creciera la oposición, el papa decidió suspender el concilio en septiembre de 1549. Fue ciertamente un error y una ocasión perdida. Carlos V acababa de vencer a los protestantes en Mühlberg y no habría sido difícil que algunos teólogos reformados hubieran podido llegar a Trento con una mayor disposición al entendimiento.

Segunda etapa (1550-1552)

En noviembre de ese mismo año falleció Paulo III, siendo elegido papa el cardenal-legado del concilio Juan del Monte, que tomó el nombre de Julio III y que conocía muy bien la marcha de las reuniones. Aunque no era un hombre de vida intachable y había producido grave escándalo con su nepotismo, no había dejado de perseguir tenazmente la obra de la reforma de la Iglesia, a pesar de la oposición e intrigas de Francia. De hecho, convocó de nuevo el concilio el 14 de marzo de 1550 para la misma ciudad de Trento.

Esta vez no acudieron los obispos franceses, pues el papa estaba implicado al lado del emperador en la nueva guerra que este llevaba contra el rey de Francia; en cambio, de Alemania llegaron a Trento los arzobispos electores de Maguncia, Tréveris y Colonia. Con mayor asistencia que en la etapa anterior, los padres conciliares prosiguieron los trabajos sobre los sacramentos y publicaron los decretos relativos a la eucaristía, a la penitencia y a la extremaunción, además de los concernientes al ejercicio de la autoridad episcopal, las costumbres del clero o la colación regular de los beneficios eclesiásticos. En esta segunda parte del Concilio de Trento una figura central fue el teólogo imperial Melchor Cano, inspirador de las sesiones sobre los sacramentos en general: efectivamente Melchor Cano había pronunciado una *relección* sobre esa materia que sirvió de guía. También destacaron otros obispos españoles enviados al concilio, especialmente Diego de Covarrubias, discípulo de Vitoria, encargado de la elaboración canónica de todas las actas y de las medidas disciplinares. Igualmente fueron de mucha importancia los memoriales de Domingo de Soto y san Juan de Ávila.

Gracias al interés y a los buenos servicios del emperador, y provistos de un salvoconducto del concilio, en octubre de 1551 llegaron a Trento algunos enviados de los protestantes alemanes: del príncipe elector Joaquín II de Brandeburgo, del duque de Würtemberg, de las seis ciudades imperiales de la Alemania superior y del príncipe electo Mauricio de Sajonia. Pero a pesar de la condescendencia que se tuvo con ellos, no se pudo llegar a ningún acuerdo por las condiciones casi inaceptables que proponían, tales como la suspensión o la reducción de los decretos emanados en la etapa anterior, la renovación de los decretos de Constanza y de Basilea sobre la superioridad del concilio sobre el papa, o que los miembros de la asamblea fueran liberados del juramento de fidelidad prestado al pontífice.

Ocurrió entonces la traición que hizo Mauricio de Sajonia al emperador: el ejército de la Liga protestante se acercaba peligrosamente a los Alpes y el mismo Carlos V, que desde Innsbruck seguía con atención los trabajos de la asamblea, tuvo que escapar precipitadamente para evitar ser capturado. Así se hizo difícil la permanencia de los padres en Trento, por lo que el concilio fue clausurado por segunda vez (26 de abril de 1552) y la sensación de fracaso se extendió.

Tercera etapa (1562-1563)

Tardaría casi diez años en abrirse de nuevo. Durante este tiempo subió primero al pontificado Marcelo Cervini, que tomó el nombre de Marcelo II. Corto fue su pontificado —solo veintidós días— y le sucedió en el mismo año el intransigente cardenal Juan Pedro Carafa, Paulo IV. No le agradaba al nuevo papa seguir otra vez con el concilio, pues quería hacer de la reforma de la Iglesia algo exclusivamente personal. Así inició una lucha implacable contra los abusos de la curia romana, especialmente contra la herejía simoníaca, imponiendo severas medidas para la extirpación de los herejes. También impuso una fuerte disciplina tanto al clero regular como secular.

Se sirvió, quizás exageradamente, de la Inquisición romana, haciendo encausar o dejando en situación de sospechosos a personas inocentes y de gran mérito en la Iglesia, como los cardenales Morone y Pole. Por medio de una bula en la que a estilo teocrático clamaba por la «plenitud del poder del papa sobre los pueblos y los reinos», renovó los castigos a los laicos y eclesiásticos que habían caído en la herejía y los declaraba desposeídos de toda dignidad, derecho y posesión.

Quizá hubiera obtenido algunos resultados de no ser por la política infeliz y desastrosa a la que se vio inclinado por su exagerado nepotismo. Sentía, además, aversión a los españoles y de manera especial a Carlos V y a su hijo Felipe II. Se implicó en una guerra contra España, aliándose con el rey francés, que le fue desfavorable. Las tropas españolas, guiadas por el duque de Alba, llegaron a ocupar Roma en septiembre de 1557. Dos años más tarde moriría desengañado. Se había confiado excesivamente en uno de sus nepotes, el cardenal Carlo Carafa, hombre inmoral y de poca conciencia, que abusó de su oficio para extorsiones vergonzosas. Paulo IV quiso llevar por su cuenta la reforma, pero las disposiciones que dio no dejaron de ser demasiado personales e inconsistentes. Solo la nueva apertura del concilio podría completar la obra.

Al papa Carafa le sucedió Pío IV, milanés, conciliador y buen diplomático. Estimulado y ayudado por su sobrino Carlos Borromeo (canonizado en 1610), se decidió pronto por la reforma y, salvando todo género de dificultades, reanudó el concilio en la misma ciudad de Trento. Se celebraron nueve sesiones, y el número de asistentes fue muy elevado desde el primer momento: ciento veintidós padres conciliares, además de los teólogos y doctores.

Esta tercera etapa del concilio revistió especial importancia, tanto en el plano doctrinal como disciplinar. En el aspecto dogmático, el concilio hizo una vigorosa formulación de la fe católica en los puntos más combatidos por los reformados: el sacrificio de la misa y el sacramento del orden. Según la doctrina protestante, no existía en la Iglesia sacerdocio visible ni jerarquía de derecho divino, ni potestad para ofrecer y consagrar, en verdadero sacrificio, el cuerpo y la sangre de Jesucristo o para absolver los pecados. La misa, por tanto, para Lutero, no era propiamente sacrificio, sino simplemente conmemoración de la última cena del Señor.

Frente a estas afirmaciones, el concilio estableció el carácter esencialmente sacrificial de la misa y la institución divina del sacerdocio ministerial. Respecto al sacerdocio común de los fieles, denominado en la Escuela de Salamanca «sacerdocio regio», se decidió dejar su estudio para una ulterior ocasión, pues podría originar confusión, en un clima en el que Lutero solo admitía este sacerdocio y negaba el ministerial. Hubo que esperar al Concilio Vaticano II para que tuviera, finalmente, su desarrollo extenso.

En la sesión XXIII, la preparación de un decreto sobre el sacramento del orden suscitó un intenso debate entre los padres conciliares y los teólogos sobre el origen y naturaleza de la jurisdicción episcopal, que se resolvió felizmente al final de la sesión. Para la reforma y mejor preparación del clero secular se decretó la fundación de los seminarios clericales, de los que, en España, habían venido haciendo sus veces desde el siglo XV los numerosos colegios universitarios que se fundaron por san Juan de Ávila y santo Tomás de Villanueva. Antes de terminar el siglo XVI ya se habían establecido una veintena de ellos.

Respecto al aspecto disciplinar, y apuntando a una autentica reforma eclesiástica, estableció una disciplina canónica, por la que se regirá la Iglesia católica hasta el Código de Derecho Canónico de 1917.

La sesión final del concilio, la XXV, aprobó varios decretos dogmáticos acerca del purgatorio; el culto a los santos, a las reliquias o las imágenes religiosas; las indulgencias; algunas otras disposiciones disciplinares, y un decreto especial con importantes modificaciones relativas a las órdenes religiosas.

En un clima de entusiasmo, doscientos cincuenta y cinco padres, una cuarta parte del total de obispos de aquel tiempo, pusieron su firma en las actas oficiales del concilio. El 4 de diciembre de 1563, una vez leídas las solemnes aclamaciones al papa y al emperador, el cardenal Morone, el primero de los presidentes del concilio, clausuró la asamblea con estas palabras: «Después de haber dado gracias a Dios, id en paz». Habían pasado dieciocho años desde su primera inauguración.

Pío IV confirmó los decretos conciliares mediante la bula *Benedictus Deus* el 26 de enero de 1564. Tales decretos fueron aceptados sin reserva por la mayor parte de los soberanos y de los Estados católicos. Francia solo admitió los dogmáticos, pero no los disciplinares. Felipe II legalizó unos y otros para España y sus dominios, pero con esta significativa cláusula: «quedando a salvo los derechos de regalía». En el ámbito de la Iglesia fueron promulgados por los numerosos sínodos provinciales que se celebraron, y de este modo llegaron a convertirse en sustancia de la nueva legislación católica.

Posteriormente la Congregación del Concilio, creada por la Santa Sede, sirvió para interpretar auténticamente los decretos conciliares, y para impulsar algunos aspectos pastorales que se desarrollaron posteriormente.

Fruto del concilio, y clave para su puesta en marcha, fueron, en primer lugar, el catecismo romano, catecismo para párrocos o catecismo de san Pío V. Su elaboración fue un paso importante para la unidad de la fe y sirvió de base para la hondura teológica en la predicación de la Iglesia. Precisamente se ha demostrado que en la base redaccional de este catecismo están presentes las obras de aquellos dos grandes teólogos dominicos que llegaron juntos al concilio en la primera etapa: Domingo de Soto y Bartolomé de Carranza.

En segundo lugar, fue capital para la reforma de la Iglesia la publicación del misal de san Pío V, elaborado y distribuido por todo el orbe que ayudó al pueblo fiel a vivir y celebrar la santa misa, punto capital desarrollado por el concilio. El misal de san Pío V concentró en una sola plegaria eucarística, o canon romano, la oración sacrificial de la Iglesia y alimentó la vida espiritual de muchos sacerdotes y religiosos del mundo entero. También ayudó a seguir la misa al pueblo fiel, al ser muchos de ellos analfabetos, pues se les quedaban en la memoria los gestos y las palabras, que les servían para orientarse durante el santo sacrificio. Asimismo, como se unificaron los textos de las misas fijas y las comunes, se recuperaron colectas, graduales o poscomuniones de la liturgia oriental, que enriquecieron tanto este misal de san Pío V que supusieron una renovación en la práctica dominical de los fieles.

Recordemos que la inclusión de los leccionarios dentro del misal permitió que los curas rurales, fundamentalmente en América, pudieran llevar en las alforjas de la caballería el misal y leccionarios, junto al cáliz, las vinajeras y el copón con las formas y los ornamentos mínimos para celebrar la santa misa en los diversos pueblos e iglesias que encontraban.

Asimismo, los volúmenes del Breviario o liturgia de las horas aprovecharon las nuevas ediciones de los humanistas y de los grandes maestros salmantinos como fray Luis de León, de los textos de la Biblia complutense de Alcalá de Henares, etc., es decir contribuyeron a que el clero predicara y tuviera más en cuenta tanto a los padres de la Iglesia como al magisterio eclesiástico. Esas nuevas ediciones elaboradas con ilustraciones bellísimas para ayudar a fijar las fiestas importantes relativas a la vida del Señor y de la Virgen renovaron la liturgia latina y llegaron al mundo entero y hasta las diócesis más recónditas recién creadas en América.

Otro decreto importante del concilio fue la obligación de los obispos de residir en sus sedes dedicados al gobierno de la diócesis, junto a la citada preocupación por los seminarios. Por otra parte, el concilio impuso la celebración de sínodos en las diócesis del mundo entero, que hicieron posible que todos esos decretos entraran en vigor y fuera aplicada la doctrina de Trento.

Ningún otro concilio duró tanto tiempo ni tuvo que afrontar tantas dificultades interiores y exteriores. Tampoco ninguno ha dejado una huella tan profunda y duradera en la vida de la Iglesia. Desgraciadamente, no pudo restablecer la unidad perdida, pero clarificó y precisó los puntos fundamentales de la fe católica cuestionados por los protestantes y elaboró un gran programa de reforma que sirvió de base y pauta para la renovación religiosa y moral de la Iglesia.

Constatemos que el Concilio Vaticano II, que vino a abrir los nuevos caminos de la Iglesia del tercer milenio, ha contado también —por iniciativa del papa san Juan Pablo II— con una nueva edición trasformada del catecismo universal, una edición actualizada del Código de Derecho Canónico, un nuevo misal de san Pablo VI y una edición renovada de liturgia de las horas.

CAPÍTULO 7

LA ESCUELA DE SALAMANCA Y LA POBREZA

En el cénit del pontificado de san Juan Pablo II, el 6 de agosto de 1993, hace ahora más de treinta años, tuvo lugar en Roma uno de los momentos más importantes de su fecundo servicio a la Iglesia, con la publicación de la encíclica *Veritatis splendor,* sobre los fundamentos de la teología moral católica. La *Veritatis splendor,* como todos los grandes documentos y encíclicas vaticanas, fue un don de Dios y el fruto de un largo y documentado estudio realizado por muchos moralistas bajo la guía del magisterio pontificio, que culminó en un documento intelectual y teológicamente impecable.

Como señala el romano pontífice al comienzo de la encíclica, este documento llegaba después de la publicación, el año anterior, del nuevo *Catecismo de la Iglesia Católica,* que después de varios siglos va a actualizar el emanado tras el Concilio de Trento. En él se incluye, lógicamente, un amplio apartado dedicado a la moral cristiana, con un título muy significativo: «La vida en Cristo». Es decir, la imitación del vivir de Cristo.

Pues bien, tal expresión nos sirve de acceso para estudiar cómo la Escuela de Salamanca revitalizó toda la vida cristiana y se enfrentó —por ejemplo— con un problema muy grave de su tiempo: la hambruna y el aumento de la mendicidad hasta extremos alarmantes. Para ello, vamos a referirnos a algunos textos señeros de los maestros salmantinos, especialmente la *Deliberación sobre las causas de los pobres,* redactado en 1545 por Domingo de Soto y la comunidad de los dominicos de san Esteban.

Hambrunas y pobreza en la España del Siglo de Oro

Comencemos por entrar en las coordenadas históricas del problema. En la sociedad global, que ya se vivía en la Europa del siglo XVI gracias al auge del Imperio español que estuvo gobernando gran parte del continente durante casi un siglo entero con los reyes Carlos V y Felipe II, se vivía en paz y concordia como jamás había sucedido en esas tierras durante tanto tiempo seguido. Efectivamente, gracias al oro y la plata que llegaba puntualmente desde América al puerto de Sevilla, y que servía para pagar a los tercios de Flandes y a los mercenarios, se mantuvieron despejados los caminos y rutas de Europa de ladrones y maleantes y aquellas tropas podían realizar brillantes campañas para mantener la paz y la concordia entre los ciudadanos. Aunque los problemas más importantes de la época no eran las armas y la violencia de los arcabuces, sino las pandemias que periódicamente asolaban Europa y que arrastraban a la tumba a millones de personas.

Precisamente, en medio de una de esas hambrunas, en el año 1543 tuvo lugar la boda en la universitaria ciudad de Salamanca del príncipe Felipe (1527-1598) y la princesa María Manuela de Portugal (1527-1545), motivo por el cual la ciudad fue engalanada ostentosamente para la ocasión. Fue en ese momento cuando Domingo de Soto, que conocía bien la situación, le dedicó su tratado al príncipe Felipe. Efectivamente, está ampliamente documentada en aquella época una de aquellas terribles hambrunas que afectó en esta ocasión a amplias zonas geográficas, no solo de la península ibérica, Castilla la Vieja, Aragón y Portugal, sino también de gran parte de Europa.

Ante la amplitud de la tragedia y la consiguiente aparición de enormes masas de pobres y menesterosos que llenaban las calles, plazas y mercados de las grandes y pequeñas ciudades de España y Europa, así como los caminos y cañadas que comunicaban unas ciudades con otras, los gobernantes, ayuntamientos y corporaciones municipales comenzaron a aplicar medidas con carácter de urgencia. Algunos reyes como Enrique VIII de Inglaterra optaron crudamente por prohibir la mendicidad y ordenar la detención de los holgazanes y menesterosos y enviarlos a sus regiones de origen donde eran puestos a trabajar en los ayuntamientos para limpiar bosques y caminos, o realizar trabajos serviles que nadie quería a cambio de unas monedas; sobreviviendo apenas con la ayuda de sus parientes y amigos.

Varios autores como Luis Vives o Tomás Moro redactaron y publicaron, tanto en latín como en las diversas lenguas vernáculas, numerosos tratados sobre la materia. Algunos de ellos eran concienzudos estudios teológicos y jurídicos; pero otros muchos, sermones y breves discursos divulgativos sobre esta cuestión. En general, las soluciones que aportaron los humanistas y hombres de Estado como Vives, Erasmo o Moro, coincidían en la limitación de los derechos de circulación de los pobres, en las medidas de salvaguarda del orden público y en el incremento de control del Estado sobre la economía y los medios de producción. Estas soluciones se quedaban cortas y no tenían en cuenta el fondo de la cuestión, que es el mandato de la caridad, y por tanto contrastaron vivamente con los planteamientos de Francisco de Vitoria y sus colegas de la Universidad de Salamanca.

¿Cuál era entonces la opinión de la Escuela de Salamanca respecto al problema de la pobreza en la Castilla del siglo XVI? En primer lugar, hemos de resaltar que tanto Francisco de Vitoria, como Domingo de Soto y los demás autores de la Escuela conocían perfectamente el problema que estamos tratando y, además, de primera mano. Recordemos también que Francisco de Vitoria había protestado formalmente en la corte real por la decisión de convertir la ciudad universitaria por excelencia, Salamanca, en sede de la boda que uniría al príncipe Felipe, futuro rey Felipe II, con la princesa de Portugal, precisamente en un momento donde la hambruna estaba llegando a Salamanca, en el año 1543. Aquellos jóvenes universitarios veían cómo se racionaba el pan y otros alimentos básicos y, además, cómo se llenaba la ciudad de tantos menesterosos que procedían del campo, a los que el ayuntamiento había establecido un carnet o cédula de pobre para discriminar quién podía pedir limosna y quién no.

Precisamente fue Domingo de Soto, dominico de san Esteban y compañero de claustro y de convento, el encargado de examinar a esos pobres para extender las cédulas. Y por eso Vitoria atestiguaba con datos el escándalo mayúsculo en el que tantos ciudadanos, especialmente los jóvenes universitarios, verían a la corte derrochar dinero en lujos y desperdiciar alimentos cuando la ciudad estaba en una situación de extrema necesidad. De hecho, el propio Domingo de Soto, como prior de san Esteban, había sido comisionado por el claustro de la Universidad de Salamanca para viajar a Toledo, Ciudad Real y otros lugares de España para negociar la compra de grano directamente, evitando intermediarios, con el que proveer la alimentación básica de estudiantes y profesores. Gestiones que tuvieron un óptimo resultado pues las aulas salmantinas no cerraron en ningún momento ni se paralizó la vida universitaria. Incluso el propio ayuntamiento de Salamanca acudió a Domingo de Soto para pedirle ayuda para solventar los problemas de la ciudad y para buscar nuevos lugares de abastecimiento.

Así pues, Vitoria estaba perfectamente informado de primera mano por Domingo de Soto y por las autoridades académicas y civiles cuando presentó esa queja formal a la corte. Pero una vez más, como en otros asuntos, no fue escuchado. Domingo de Soto y, con él toda la comunidad de san Esteban, aprovecharon que todos los catedráticos de la Universidad debían pronunciar anualmente una lección magistral o *relección* teológica, ante los profesores del claustro y la comunidad estudiantil, para dirigirse, en la correspondiente al curso 1542-43, a todos ellos en una solemne sesión académica dedicada a la importancia y valor cristiano de la limosna.

Esto demuestra cómo la Escuela de Salamanca no tuvo nunca reparo en dirigirse a la corte real o a las autoridades civiles o eclesiásticas para establecer los derechos dañados o buscar que resplandeciera la dignidad de la persona humana o la libertad. Aunque, de hecho, la boda real se celebró el 15 de noviembre de 1543 estando presente para impartir la bendición nupcial el arzobispo de Toledo. Dos años después, con los argumentos bien sopesados, Domingo de Soto en nombre de toda la comunidad tomó la pluma para redactar un libro en castellano y latín titulado *Deliberación en la causa de los pobres*, con un tono asequible para el gran público, y dirigido al rey y a los estamentos superiores de la nación, que pudiera tener una amplia difusión y cuyos argumentos tuvieran peso en la solución de esta crisis y en las que vendrían posteriormente, pues como había anunciado Jesús: «pobres tendréis siempre entre vosotros» (Mt 26,11).

Es interesante señalar que esta obra fue editada muchas veces a lo largo de la historia e incluso recientemente, lo que indica la importancia de las tesis que defiende y la validez de las conclusiones a las que llega la Escuela de Salamanca. Los puntos centrales que deseaba aclarar el documento podríamos resumirlos en los siguientes: en primer lugar, nos recordarán que las medidas que se adopten, por urgentes que sean, no pueden afectar al derecho natural y de gentes; por ejemplo, no se pueden privar a los ciudadanos de sus derechos naturales como sería el derecho a viajar o el denominado *ius peregrinationis* (derecho a peregrinar), para ir a un santuario, a Roma o a Santiago de Compostela. Se trata de una referencia ante las medidas que habían adoptado Enrique

VIII y otros gobernantes, devolviendo a los pobres y menesterosos a sus lugares de origen y obligándoles a trabajar en servicios comunes a cambio de recibir alimentación, vestido y techo, como ya hemos mencionado. Asimismo, recordarán el derecho a acceder a los bienes de la naturaleza que son necesarios para la propia subsistencia, como serían, por ejemplo, la madera de los bosques para calentarse, poder cazar conejos o tomar uvas, moras y frutas de los bosques comunales. Finalmente, defenderán con vehemencia el derecho de los pobres a pedir limosna en caso de necesidad, tanto por el mandato de la caridad evangélica, como por la conveniencia de que los cristianos tengan un corazón misericordioso.

El socorro a los pobres según Domingo de Soto

Una vez establecidos los puntos novedosos de la Escuela de Salamanca, que son verdaderamente rompedores y a la vez realistas, podemos estudiar algunas cuestiones de detalle sobre la *Deliberación en la causa de los pobres* que pueden ilustrar la profundidad y buena fundamentación de nuestro autor. Comencemos por recordar el estilo humanista y elegante en las formas y en la categoría de la exposición utilizada. Destaca un modo humilde para dirigirse al príncipe y se acoge a su benevolencia y a la de sus asesores en el Consejo de Castilla, que son los que leerán detenidamente la obra y podrían sentirse criticados. Inmediatamente, reconocerá la complejidad de la materia, por lo que las soluciones que desean aportarse tal vez solo sirvan durante un tiempo: periódicamente, al recrudecerse el problema, será necesario volver a analizarlo.

Inmediatamente abordará, en el capítulo segundo, el intento de algunas autoridades por limitar los movimientos del pueblo. Tanto las cortes de Valladolid como las de Madrid habían pedido a su majestad el rey que prohibiese a los pobres salir de sus tierras para proveer a sus necesidades. Es interesante que la respuesta del rey fue que «los que pudiesen trabajar fuesen prohibidos mendigar y los que tal hicieren fuesen castigados y que ningún extranjero de fuera del reino, so color de romero, fuese consentido estar en la corte, y que los que fuesen verdaderamente pobres, fuesen en sus obispados proveídos y procurados». Como pasa también en nuestros días, hay que distinguir al pobre de solemnidad del «haragán» que hoy como ayer prefiere vivir de la limosna o de la picaresca a trabajar y buscarse los medios de subsistencia.

Ya en el capítulo tercero, sobre los vagabundos, señalará que a los pobres verdaderos no se les puede prohibir pedir limosna, pues eso iría contra la verdad del Evangelio, las leyes del reino y el bien común de los pueblos y de las gentes. Por otra parte, el término vagabundo, o en castellano antiguo *baldío* (terreno improductivo), es peyorativo y no debe usarse para «quien por razón de su trato o de su oficio o de su necesidad anda por el mundo, ni es digno de reprehensión, ni se puede por tanto juzgar por vagabundo». Enseguida, añadirá con muchos argumentos que es perniciosa la ociosidad y que debe ser castigada, tanto por ley divina como por la ley natural, pues engendra muchos pecados, porque como decía Platón: «la ociosidad es la pestilencia de los mortales». Algo similar dice la Segunda Partida, título 20, donde se habla de los baldíos y sobejanos, y se les excluye como enemigos de la república.

En el capítulo cuarto de su obra, Domingo de Soto se refiere a los pobres extranjeros y recuerda que la distinción de nuestras leyes no se produce entre pobres y vagabundos naturales o extranjeros, sino entre verdaderos pobres o pobres fingidos. Si son fingidos deben ser expulsados o conminados a ganarse la vida y si son verdaderos pobres entregados a la caridad pública. Es interesante lo que señala Domingo de Soto acerca del destierro, pues recuerda que es una pena debida por los delitos o crímenes que se cometen y puedan demostrarse, como señala la ley *capitalium* del Digesto. La razón nos la explicará Soto: «es de derecho natural y de derecho de gentes, que cada uno tenga libertad de andar por donde quisiere, con tal que no sea enemigo, ni haga mal». Seguidamente añadirá otra conclusión: «el príncipe no puede hacer nuevos preceptos que obliguen a hacer limosna más allá del precepto del Evangelio sino fuese, por ventura, en caso de extrema necesidad o gravísima. Y aun entonces, no sería sino explicar más el derecho divino y natural».

A lo largo del trabajo, se hace referencia a los «Lugares Teológicos» y recorrerán la Escritura y la tradición apostólica para recordar la importancia de la virtud de la caridad y de la solicitud por los pobres, recordando las obras de misericordia corporales y espirituales.

El capítulo octavo lo dedicará al precepto de la limosna que, como se ha dicho, fue el titulo original de la *relección* teológica con la que comenzó el tratamiento del tema, y que posteriormente se convirtió en este libro dirigido al príncipe y a las autoridades. Siguiendo la tradición de los padres de la Iglesia, nos recordará que los bienes que Dios concede a los ricos son para sustentar a los pobres, pues todos somos miembros de un solo cuerpo. Así remitirá también a la doctrina sobre la extrema necesidad, bien estudiada por santo Tomás y los mejores teólogos.

En el capítulo noveno, Domingo de Soto ofrece toda su experiencia como examinador de pobres y, por tanto, escribirá cómo llevar delicadamente las tareas de las comprobaciones y el interrogatorio para otorgar la cédula, para llegar a la verdad sin humillar, ni herir al pobre, pero sin dejarse engañar, ni hacer distinciones injustas. La clave, para Domingo de Soto, está en distinguir entre misericordia y justicia, que en Dios están unidas, pero en el hombre están diferenciadas, pues la misericordia compete y es mandada a todo hombre y la justicia encomendada a los ministros competentes. Así llegamos a una conclusión certera: es preciso obrar con gran misericordia, de modo que para quitar el derecho de mendigar «no basta con que sea un hombre sano, si no es hombre de fuerzas». Por eso, según enseña la parábola de la cizaña, es mejor ser engañados que llevar a la extrema pobreza al pobre, por no dejarle pedir la necesaria limosna (cfr. Mt 13,29).

Por lo que se refiere a la conveniencia de dejarles mendigar en la calle o no dejarles, se detendrá en el capítulo undécimo. Enseguida establece una conclusión: «cualquier pobre que tuviere cualquier necesidad, nadie le puede estorbar que pida limosna». A lo que añade que en las medidas que el príncipe adopte siempre ha de buscarse «si de esta manera, se hacen los cristianos más caritativos y aumentan las limosnas». Y llegamos al final del trabajo con ulteriores actos de humildad ante el príncipe: «Temo que tiene ya cansado a Vuestra Alteza mi prolijidad, porque el ímpetu del hablar me ha arrebatado más lejos de donde yo pensaba llegar». En cualquier caso, Domingo de Soto termina expresando su esperanza en que las palabras redactadas en este libro hayan movido al príncipe a la virtud de la misericordia, puesto que supone que de la virtud de la justicia ya está adornado.

CAPÍTULO 8

VITORIA Y LA SOCIEDAD CIVIL: ECONOMÍA Y POLÍTICA

Como hemos mostrado a lo largo de lo que llevamos de exposición, ni Francisco de Vitoria ni sus discípulos temieron enfrentarse al orden político establecido cuando estaban en juego los fundamentos jurídicos, pues sin derecho no hay sociedad ni tampoco reconocimiento de la dignidad de la persona humana.

Para la Escuela de Salamanca, las ideas de renacimiento y del humanismo cristiano que centraban todo en el hombre iban mucho más allá de una mera ética social o una consideración vaga de la persona humana. Realmente eran humanistas porque tenían muy claro que el humanismo era descubrir al hombre como imagen y semejanza de Dios. Recordemos las palabras del Concilio Vaticano II en la constitución dogmática *Gaudium et spes*: «el hombre es la única criatura en la tierra a la que Dios ha amado por sí misma» (n. 24).

Por otra parte, Vitoria señalará a los gobernantes en su *Relección sobre el poder* que debían procurar ganarse a diario la confianza de los súbditos, pues sin confianza no puede haber paz social ni valor en los mercados, necesarios para el desarrollo de los pueblos. Es muy interesante la capacidad e independencia de criterio para responder en sus dictámenes de acuerdo con la justicia y el derecho; y si hacía falta oponerse a las indicaciones del Emperador, lo hizo: por ejemplo, en el caso que hemos contemplado de los títulos de la presencia de España en América.

Asimismo, son conocidas las duras diatribas de Francisco de Vitoria y de su discípulo Domingo de Soto contra el fausto y lujo de las bodas reales que se celebraron en Salamanca entre el príncipe heredero de Castilla, Felipe II, y su prometida la princesa María de Portugal en el año 1543, precisamente, durante una de las grandes hambrunas que se padecieron en Castilla y todavía más en Salamanca, con tantos estudiantes que alimentar y una manifiesta escasez de víveres.

Desde el punto de vista positivo, Francisco de Vitoria y la Escuela de Salamanca llenaron las universidades europeas y americanas de discípulos suyos que verdaderamente llevaron sus principios por muchas diócesis y por tantas congregaciones religiosas. Especialmente hemos de recodar la influencia en el orden político de Diego de Covarrubias, que fue obispo de Segovia, padre conciliar en Trento y, sobre todo, ocupó el cargo de presidente del Consejo de Castilla, donde pudo desarrollar tales ideas. Por ejemplo, cuando Felipe II escribe al nuevo presidente del consejo una carta, cuya copia se conserva en la Biblioteca Nacional de España, abriéndole los horizontes y marcándoles prioridades, le insiste en ejecutar el plan de construcción de hospitales en el reino que ha quedado decidido, pero que el presidente debe poner entre sus intereses prioritarios.

Teoría económica

A caballo entre el orden político y el económico se encuentra la discusión sobre los tributos, sin los cuales los gobernantes no podrían proveer el bien común, el desarrollo económico o el mantenimiento de la república. Francisco de Vitoria señalará la importancia de que sean impuestos legales y proporcionados, pues si van contra la justicia no obligarían en conciencia.

Respecto al concepto de «precio justo», tan comentado por los economistas y extendido por el mundo entero, Vitoria recordará que debe determinarlo el mercado («el que fijan en plaza compradores y vendedores»), y solo en caso de emergencia crítica puede intervenir el Estado para cambiar los precios de algunos productos básicos. Ese equilibro entre libertad de mercado e intervencionismo debe estar siempre a favor de los más necesitados. Asimismo, Vitoria recordará la importancia de luchar contra los monopolios en el comercio.

Sin embargo, debemos destacar que respecto a muchas cuestiones económicas no hubo una doctrina unánime entre todos los miembros de la Escuela de Salamanca; algo —por otra parte— perfectamente comprensible en asuntos que no afectan directamente al contenido de la fe. Así, en lo referente a los impuestos, algunos de ellos otorgaban todo el poder de decisión al príncipe; mientras que otros eran fuertemente defensores de someter siempre la creación de impuestos a su aprobación en las cortes. Lo mismo podemos decir respecto a la *tasa* o fijación de los precios por parte del gobierno: algunos doctores salmantinos fueron más partidarios que otros sobre la utilidad o conveniencia de esta política económica. En una materia tan opinable como esta, resulta muy destacable esa libertad con la que nuestros doctores expresaban sus puntos de vista respecto al *proceloso* mundo del mercado, el comercio o las finanzas: pero siempre exigiendo un respeto hacia la justicia en tales operaciones («sin dolo o engaño») y atentos al cuidado de los más necesitados.

En los capítulos siguientes hablaremos con más detalle sobre la globalización mercantil que trajo el descubrimiento y la conquista de América, la muy discutida materia de los préstamos y la usura, y el debate sobre el nacimiento del capitalismo en la Europa católica o reformada. Pero antes queremos cerrar este apartado con una referencia a la gran historiadora Marjorie Grice-Hutchinson quien, en su obra pionera *The School of Salamanca* (1952), difundió en la literatura anglosajona esta visión de nuestros doctores como grandes adelantados en una concepción moderna de los procesos económicos. Junto a las cuestiones más prácticas sobre los impuestos o el precio justo, Grice-Hutchinson explicaba que la Escuela de Salamanca anticipó varias teorías fundamentales en el campo de la economía: una fue la hoy conocida como teoría cuantitativa del dinero, cuya primera formulación se atribuye a Martín de Azpilcueta (hablaremos de él en el siguiente apartado). En esencia, consiste en confirmar que hay una relación entre la cantidad de dinero en circulación y el precio de los bienes, ya que al aumentar el primero se produce un incremento en el valor de las mercancías.

Grice-Hutchinson continúa con una segunda teoría: la referida al valor de los bienes, que para Vitoria y toda la Escuela de Salamanca descansaba en unos presupuestos que ya había anticipado Aristóteles y recogió la primera escolástica medieval. Nos referimos a los conceptos de abundancia o escasez (*raritas*), utilidad (*virtuositas*) y apreciación subjetiva (*complacibilitas*): en ellos descansa gran parte de la moderna teoría del valor basado en la utilidad marginal o el equilibrio de la oferta/demanda. Y que servirían para explicar algunas respuestas de los mercados, que a veces pueden parecer exageradas respecto a los criterios del «precio justo», pero que no lo son a la luz de estos criterios. Así se comprende una famosa sentencia de Covarrubias sobre el aparentemente excesivo precio de algunos bienes: «El valor de una cosa no depende de su naturaleza objetiva sino de la estimación subjetiva de los hombres, incluso aunque tal estimación sea alocada», agregando que «en las Indias el trigo se valora más que en España, porque allí los hombres lo estiman más, y ello a pesar de que la naturaleza del trigo es la misma en ambos lugares».

Más recientemente, Alejandro Chafuen ha completado el elenco de aportaciones a la economía de la Escuela de Salamanca, destacando por ejemplo su doctrina sobre el trabajo y los salarios justos; la llamada teoría de la paridad del poder adquisitivo de la moneda, que sirve para comparar el tipo de cambio entre diferentes divisas; o toda la profunda y avanzadísima reflexión monetaria que completará Juan de Mariana ya en el siglo XVII. En efecto, su *Tratado y discurso sobre la moneda de vellón* (*De monetae mutatione,* 1609) es una lúcida y moderna explicación sobre el perverso efecto que tiene sobre los precios un exceso de emisión de dinero (o una alteración en su contenido metálico, para el caso de las monedas de metal precioso).

Los límites del poder civil

Dentro del magisterio que conservamos del maestro Vitoria hay un tema de especial relevancia en su tiempo y, por supuesto, en la actualidad, que es el origen y límites del poder civil. Tanto del gobernante como del Estado que le sustenta. Precisamente, por ser un tema polémico desde entonces, deseamos detenernos en su desarrollo, pues podemos afirmar que es verdaderamente significativa la aportación de fray Francisco de Vitoria.

En primer lugar, debemos referirnos a la *relección* teológica *Sobre el poder civil,* que pronunció el maestro salmantino en 1528 y que suele mencionarse como la más sistemática y clarificadora de su pensamiento teológico. En ella aparece una preocupación que venía incubando en su entendimiento desde su época parisina: cómo evitar las guerras entre naciones católicas y, en concreto, entre Francia y España, lleno de preocupación por esa inveterada pugna entre ambos pueblos y los incontables enfrentamientos que habían padecido a lo largo de la historia.

A nuestro maestro le parecía que estudiar el origen del poder, el modo de ejercerlo, la autoridad de los gobernantes, los límites de este y, por tanto, vislumbrar la unidad del género humano bajo la ley eterna de Dios que debe iluminar la ley natural y las leyes positivas, podría ser un camino exacto para evitar confrontaciones y favorecer la concordia.

Aclaremos desde el comienzo que su mirada es la de un teólogo moralista y la de un jurista consumado. Por tanto, su visión del derecho es la del que cree que el hombre es persona y está dotado de la dignidad de hijo de Dios. Además, esta concepción del derecho descansa en considerar que la persona, sujeto del derecho, está abierta a una visión trascendente, aceptando la espiritualidad del hombre libre: «el oficio del teólogo es tan vasto que ningún argumento, ninguna disputa, ninguna materia, parecen ajenos a su profesión».

Enseguida asentará su primer principio: «La suprema fuente del poder está en Dios». Por tanto, añadirá que «ninguna fuerza humana la podrá disolver ni justa ni legítimamente, ni siquiera mediante convenio universal». A su vez «todo poder, público o privado, por el cual se administra la república secular no solo es justo y legítimo, sino que tiene a Dios por autor, de tal suerte que ni por el consentimiento de todo el mundo se puede suprimir».

Indudablemente, el fundamento de toda autoridad radicaría en Dios creador, quien en su designio providente establecería unas leyes eternas que sustentan el orden creado y que son participadas en la criatura racional mediante la ley natural. De ahí derivarán todas las leyes civiles promulgadas por quien tiene la autoridad recibida de Dios que es el pueblo y el pueblo las entrega a los gobernantes legítimamente elegidos. La constitución del hombre como hijo de Dios y de naturaleza social permite que los hombres puedan formar familias y estas ayudarse y realizar juntos los fines de su propia naturaleza.

Vitoria, sin saberlo, habría rechazado las teorías de Hobbes correspondientes a la visión violenta de los hombres y del inevitable pacto social para entregar su libertad a cambio de obtener del Estado la paz y el bienestar necesario para vivir. De modo que citará las palabras de san Pablo: «el que resiste al poder, resiste a Dios» (Rom 13, 2). Todavía más, nuestro fraile dominico ya había escrito que «el hombre no es un lobo para el hombre» más de un siglo antes de la publicación del *Leviathan.*

Inmediatamente después de la definición del poder como facultad para gobernar la república civil, señalará que el poder viene de Dios que lo entrega al pueblo y el pueblo a sus legítimos gobernantes. Por tanto, es la misma sociedad civil quien tiene el poder de gobernarse. Hay muchos autores que han visto en estas palabras una referencia clara a que Vitoria —si viviera hoy— defendería la monarquía junto con la democracia parlamentaria como el mejor sistema de gobierno.

Respecto a los límites del poder, nuestro autor comenzará por recordar que el fin del gobierno es el bien común que va más allá que la mera suma de bienes particulares para empeñarse en un verdadero gobierno. Lógicamente, esto implica que la libertad del gobernante está marcada por la verdad de la función que debe ejercer. Indudablemente, el poder se ejercerá, como el dominio, de un modo análogo a como gobierna Dios, es decir, no de modo despótico, sino de acuerdo al sentido común y buen hacer y teniendo en cuenta la justicia distributiva y conmutativa.

Como ya hemos señalado al hablar de los títulos de presencia de España en América, los gobernantes no deben quitar a los indios el dominio de sus tierras ni el poder en sus familias siempre que actúen de acuerdo con la dignidad de la persona humana y buscando el bien de los suyos. En ese mismo sentido, los derechos de los ciudadanos y las consecuencias de la ley afectan también a los gobernantes, que deberán respetar el orden legal vigente y de modo ejemplar. Por ello, la legislación y los derechos de los súbditos no pueden ser conculcados y esto limita también el poder de los gobernantes.

Las leyes deben obligar a todos y también al legislador, ya que todos somos iguales ante la ley: «los trasgresores son reos de culpa en el fuero de la conciencia: la misma fuerza de obligar tienen los mandatos a los padres a los hijos [...]. La ley humana procede de Dios. Luego obliga del mismo modo que la divina».

Con respecto a las leyes injustas, es decir, las que no son acordes con la ley natural y la ley eterna y, por tanto, atentarían contra la dignidad de la persona humana, no sería obligatorio seguirlas, e incluso obligatorio atacarlas. Como sería el caso del tirano y sus legislaciones absurdas: «el abismo llamaría al abismo».

Respecto a la obligatoriedad de las leyes humanas justas, Vitoria, siguiendo a santo Tomás, subrayará la importancia de seguirlas y ser ejemplares los cristianos en el respeto a las autoridades como recuerda la primera epístola de san Pedro. Indudablemente, Vitoria estará a favor de no pagar determinados impuestos si son leyes injustas y se convierten en cargas imposibles de llevar. Por tanto, el gobierno y sus cargas han de ser razonables.

Respecto a la guerra solo ha de seguirse por parte del pueblo si es guerra justa, por tanto, tiene que haber causa proporcionada, por ejemplo, injusta agresión y habiendo puesto los medios de disuasión primero. En este sentido, una novedosa intuición de nuestro dominico, respecto a la guerra, fue su explicación del derecho a lo que hoy llamamos «objeción de conciencia».

Finalmente, debemos hacer alguna referencia a un tema muy tratado por Vitoria que sería la posibilidad de un emperador o rey universal con jurisdicción inmediata sobre todos los pueblos y naciones cristianos. La conclusión de nuestro maestro es que lo ve inviable tal y como son las particularidades y caracteres de las diversas naciones.

En cambio, sí le parece necesario un orden internacional, un derecho internacional, con leyes comunes a todas las naciones que favorezcan la igualdad de todos los Estados, la libre comunicación, que respete la idiosincrasia de los pueblos, favorezca el desarrollo de los grupos más desfavorecidos y rompa los monopolios, e incluso la defensa de la dignidad de las personas humanas.

CAPÍTULO 9

LA PRIMERA GLOBALIZACIÓN ECONÓMICA

La actualidad del dominico Francisco de Vitoria, fundador de la escuela teológica y jurídica de Salamanca en el siglo XVI, se ha visto reafirmada y ampliada por recientes publicaciones, tanto en el ámbito de la filosofía moral del periodo, como de la propia historia de la economía, precisamente en una época crucial de la historia moderna de España que fue el descubrimiento de América y sus consecuencias.

En efecto, la continuidad de la paz durante los reinados sucesivos de Carlos V, Felipe II, y Felipe III contribuyó a crear unas condiciones sociales, militares y económicas que propiciaron una economía global en Europa, no solo por la intensa y fácil relación entre las ferias y mercados de las principales ciudades de aquel tiempo, sino también por los intercambios con los territorios de América y algunos de Asia.

Lógicamente, el oro y la plata, que llegaban periódicamente de las Indias, facilitaban un gran desarrollo económico europeo debido al aumento constante de la producción en Europa de bienes de primera necesidad directamente dirigidos a la exportación a América y, a la vez, se crearon las condiciones para lograr un optimismo económico.

Por otro lado, como es bien conocido por los trabajos del profesor Hamilton, hay que recordar la inflación que padeció España, al convertir a gran parte del país en intermediario y no en productor, lo que llevó al empobrecimiento congénito de la península (de donde salía el dinero y las personas) y, consecuentemente, a la decadencia económica de España en los siglos posteriores, especialmente en el área de Andalucía, Castilla, Extremadura y Galicia.

Fundamentos jurídicos y teológicos del comercio

En este capítulo vamos a detenernos, desde el punto de vista teológico, jurídico y de la filosofía moral, en algunas de las innovadoras ideas del maestro Francisco de Vitoria respecto al comercio y las finanzas. Que después se extenderían por las diversas universidades europeas o americanas y, además, llegaron a los confesores y tratadistas sobre las cuestiones de los contratos y los cambios, que las aplicaron de modo natural en el mundo económico europeo. Hemos de resaltar que estamos en un ambiente universitario, el salmantino, lleno de disputaciones teológicas y jurídicas en las aulas, calles y claustros, donde se conversaba sobre todo lo que estaba sucediendo en el inicio de la modernidad. Por ejemplo, conocemos el trato habitual de amistad entre Francisco de Vitoria y Martín de Azpilcueta, durante doce años, plenamente atestiguada por la identidad de criterio entre ambos. Pero ya sabemos que Vitoria apenas dejó nada por escrito, motivo por el cual las citas del prolijo autor navarro acerca de las ideas de su maestro terminarán por ser extraídas de las obras de Domingo de Soto.

Enseguida hemos de hacer referencia al cambio de fondo operado en el orden jurídico de la época, donde destacará el maestro salmantino. En efecto, para Vitoria, el derecho natural se imponía por sí mismo y, por tanto, no requería ser promulgado mediante actos extraordinarios; bastaba con recordar que el hombre era *imago Dei,* imagen y semejanza de Dios, para que fluyeran los derechos correspondientes a esa dignidad, como refleja la teología perenne de santo Tomás: la gracia no destruye la naturaleza, sino que la supone, la sana y la eleva.

Uno de los derechos naturales clarificados por Vitoria en su largo magisterio fue el de dominio, cuestión clave para establecer los títulos de presencia de España en América y su concreción en las leyes de Indias: «El dominio es una institución de derecho natural, no sobrenatural, que por serlo no se pierde por infidelidad o pecado». Luego si es natural, podemos concluir que queda al «común sentir de los hombres», al igual que otras determinaciones jurídicas y económicas que la Escuela de Salamanca irá aportando a la sociedad de su tiempo como el precio justo, el momento de la restitución o el tanto por ciento de interés por un préstamo monetario.

Es indudable, que el derecho de gentes para Vitoria en América quedaba sustanciado en el «célebre» primer título legítimo de la presencia española en América: el de la libre circulación de hombres y mercancías buscando el bien común de toda la comunidad internacional y el desarrollo de la propia familia. Bajo esta premisa, una gran mayoría de ciudadanos de las naciones europeas pudieron dedicarse de lleno al campo, a la industria, a la cultura o a la mercaduría. El desarrollo económico encumbró a numerosas familias a posiciones centrales de la vida social. En consecuencia, la economía europea a lo largo del siglo XVI irá alcanzando amplios niveles de globalidad, pues en ella participaban activamente cada vez más mercaderes, bien por estar emparentados con los castellanos de América o bien por ser requeridos al efecto.

La globalización económica del siglo XVI, cuyo epicentro estaba en Europa, se veía con total normalidad, pues como afirmaba el profesor Cendejas «Vitoria mantiene una concepción orgánica de la sociedad basada en la integración de las dos comunidades naturales —familiar y política— que extiende a una tercera, también natural, que engloba todo el orbe y a la que cabe atribuir un bien común universal. En el seno de esta comunidad, y como consecuencia de la natural sociabilidad humana, se reconoce, no se acuerda, como derecho de gentes la libre comunicación de personas y de bienes, así como el dominio que tienen los pueblos para gobernarse y administrar sus bienes».

Precisamente el ascenso social de la burguesía (como se llamará un tiempo después) se debe en gran parte a Francisco de Vitoria, por la manera positiva de enfocar el oficio de mercader, resaltando la importancia de este servicio en el desarrollo de la vida social y económica no solo de un reino o una república, sino del bien común de todo un conjunto de naciones.

A la vez, Vitoria, como los confesores de su tiempo, era muy consciente del grave riesgo que corría el alma del comerciante cristiano por el contacto con la riqueza. De ahí que los manuales de confesores que se publicaron en aquellos años, o el catecismo de san Pío V emanado en Trento, estén llenos de llamadas a cultivar la vida espiritual, a acudir al confesor para realizar consultas de conciencia y, por supuesto, a ejercitar la virtud de la justicia, para no contaminar el alma con la codicia: si los comerciantes hacen bien su oficio sus actos son virtuosos y dignos de alabanza.

Así pues, Vitoria, como en otros campos de su magisterio, buscará la dignidad de la persona y la salvación de las almas. Además de recordar la condena de la usura, evitando el lucro excesivo en los cambios, contratos y transacciones para evitar el enriquecimiento indebido según la virtud de la justicia, afirmará que en el obrar del artesano, el banquero, el campesino o el mercader, el fin último deberá ser siempre dar gloria a Dios y sostener honradamente a la propia familia.

Todo esto se corresponde con el giro teológico operado por Vitoria desde posiciones nominalistas hasta el realismo tomista, que se traducirá, a su vez, en el abandono del juridicismo, en favor del equilibrio entre fe y razón.

Comercio y finanzas: la usura

Evidentemente, la expulsión de los judíos de España en 1492 había provocado que la economía nacional abandonase, en gran parte, los métodos usurarios del préstamo judío por otros sistemas bancarios modernos y ágiles, con préstamos a bajo interés, sistemas de compraventa basados en el derecho de gentes y en la propia justicia castellana, destinados a «satisfacer necesidad mutua», que aparecen relatados con toda naturalidad en los tratados de contratos, mercaduría y contabilidad que se publicaron en Castilla a mitad de siglo y de los que ya hemos hecho referencia. Habían logrado convertir esa multitud de ferias comerciales, que se celebraban en las grandes ciudades europeas a lo largo del año, en una tupida y extensa red: un verdadero mercado global.

En realidad, gran parte de las aportaciones de Vitoria podría fundarse en la aplicación del sentir común de los mercaderes cristianos al contrato «en precario». El derecho de gentes no solo tiene su fundamento en los códigos jurídicos, sino también en el común sentir de los hombres y, finalmente, en los acuerdos o tratados de derecho internacional entre naciones. Indudablemente esos acuerdos, como los que se toman hoy día en Naciones Unidas deben ser respetados por todos. Así pues, Vitoria, al estudiar los mercados y el oficio de mercader, proyectará el derecho natural y el derecho de gentes a la economía, a la propiedad y al precio justo, mediante el principio elemental del derecho natural y de gentes de la común estimación de los hombres, es decir, la aplicación de la moral personalista de santo Tomás a los problemas del nuevo mercado global que surgirá entre Europa y América.

Con este mismo argumento del común sentir de los hombres, se irán imponiendo otras cuestiones como el respeto a la propiedad privada, favorecer las manumisiones o la creación de impuestos para la conservación del reino. Del mismo modo, sirve para comprender las excepciones establecidas por santo Tomás en la *Suma teológica,* acerca de la usura, o del cobro de un pequeño interés en dos casos habituales: el «daño emergente» y el «lucro cesante». Estos dos criterios habían pasado con toda naturalidad a las leyes de las *Partidas* e incluso a la *Nueva recopilación,* lo que implicaba, sencillamente, que formaban parte de la común estimación de los hombres honrados del mercado y de la vida de los mercaderes, es decir, cobrar un lucro moderado que actuaría a modo de salario o retribución por el riesgo o el trabajo comisionista y que no superaría el 5 %.

En ese marco de la globalización del mercado y de la necesidad de la liquidez de las operaciones era lógico que estas leyes se ampliaran en el entorno de un mercado global, es decir, que adelantar el dinero para enviar las cosas necesarias a América o para las propias compras aprovechando la globalización del mercado era tan lícito como los casos anteriores, pues indudablemente debía evitarse el riesgo de lo que Vitoria denomina usura mental que pondría al hombre en un daño cierto.

Finalmente, en clara referencia al adelanto del dinero para las transacciones con América, se afirmaba que el dinero más estéril es el que permanecía en el baúl escondido entre la ropa, mientras que si se adelanta para una inversión ya estará fructificando: como no existe obligación de prestar, la pequeña comisión gratifica al que trabaja para otro. Francisco de Vitoria, Domingo de Soto, Juan de Medina o tantos otros reformularon los principios de los préstamos con interés bajo, para la propia estabilidad y seriedad del mercado, en unas relaciones de confianza y en un clima de optimismo económico. Esto es algo que han reconocido muchos autores modernos de teoría económica: por ejemplo, es el caso de Keynes cuando escribe que gracias a la escolástica del XVI en España se mantuvieron bajos los tipos de interés, lo que resultó clave para el desarrollo económico, pues los grandes bancos y los particulares pudieron aportar la necesaria línea de crédito para multiplicar las mercancías y las ferias.

Cuando hablábamos del ambiente humanista que se encontró Francisco de Vitoria al llegar a la Universidad de Salamanca, y mencionábamos a diversos sabios profesores, podríamos haber hecho lo mismo en otras áreas de la docencia e investigación. Para la economía debemos especificar al maestro Martín de Azpilcueta (1492-1586), el doctor Navarro, catedrático de Cánones de Salamanca y después de Coímbra y que moriría en Roma donde realizó grandes servicios a la sede apostólica. Ya hemos explicado que congenió completamente con Francisco de Vitoria; al morir tan mayor y con tanta lucidez, Azpilcueta fue una historia viva del pensamiento universitario de su tiempo.

Este gran canonista había escrito una *Suma de confesores* muy conocida y valorada, en la que cita abundantemente a Vitoria y a Soto; así como un famoso trabajo sobre la usura, las leyes del mercado y los préstamos en el que recoge las aportaciones a la economía de Vitoria y de su escuela, en especial de Domingo de Soto y del maestro Juan de Medina, catedrático en Alcalá de Filosofía Moral.

Este análisis moral de nuestros doctores siempre estuvo fundamentado en un detallado conocimiento de las circunstancias concretas en las que se desarrollaban los problemas de conciencia. Así fue como Azpilcueta pudo prefigurar su teoría cuantitativa del dinero, como hemos visto: la llegada masiva de oro y —sobre todo— plata de América provocaron la inflación en España, pues subieron los precios: pero esto no se debía a una malvada conspiración de comerciantes, banqueros o mercaderes, sino a una sencilla y universal ley de los mercados, basada en las fuerzas de la oferta y la demanda. La depreciación de la moneda castellana, junto a la creciente necesidad de enviar mercancías al Nuevo Mundo, haría que los barcos regresaran a América llenos de productos europeos, más baratos que los españoles. Por lo que en toda Europa creció la exportación con más fuerza que en España, sometida a una inflación preocupante.

Ese mismo análisis «realista» de los procesos económicos le sirvió a Vitoria para descubrir que, en la primera globalización de los mercados que se estaba produciendo en la Europa del siglo XVI, los préstamos usurarios condenados por la Iglesia y por la razón como gravemente injustos y pecaminosos habían sido sustituidos por los préstamos «en precario». Por tanto, el concepto de préstamo usurario por el común sentir de los hombres había quedado circunscrito al préstamo con un interés excesivo y, por tanto, injusto; siendo plenamente válidas aquellas operaciones financieras acogidas a los criterios de «lucro cesante» o «daño emergente», como hemos visto. Para Francisco de Vitoria, en las leyes del mercado lo primero y más importe es descubrir el equilibrio entre el bien personal y familiar y después el bien común. Lógicamente ambos deben estar compenetrados.

CAPÍTULO 10

LA SEGUNDA ESCUELA DE SALAMANCA

La línea divisoria de la llamada segunda Escuela de Salamanca se suele situar en Mancio del Corpus Christi, catedrático de Prima de la Facultad de Teología de Salamanca, y su llegada a la misma (1564-1575). Enseguida, hemos de mencionar otros dominicos de san Esteban como Bartolomé de Medina (1527-1581) o Domingo Báñez (1580-1604), todos en plena conformidad con los objetivos y metodología de Francisco de Vitoria y Domingo de Soto.

En esta segunda etapa de la Escuela se produciría una pérdida de frescura, tanto en los temas abordados en la investigación, en las *relecciones* teológicas, e incluso en los libros que se publicaban, fundamentalmente comentarios a la *Suma teológica* de santo Tomás. Suele mencionarse, como posible explicación a la disminución del nivel académico de los maestros que sucedieron a la primera generación, el miedo a las denuncias ante el tribunal de la Inquisición que llegaron tras la detención de Bartolomé de Carranza, entonces cardenal arzobispo de Toledo y autor de un catecismo que había servido de base al catecismo de párrocos de

Trento; también, a causa de los autos de fe contra varios luteranos de Valladolid o, finalmente, del proceso inquisitorial contra Grajal y fray Luis de León.

Algunos autores

Recordemos que Francisco Suárez, el más grande de los teólogos de aquella etapa, comenzó siendo un tomista clásico, como otros muchos jesuitas de su tiempo, pero, como luego veremos, al tratar de la disputa *De auxiliis*, prefirieron formar una particular unidad con sus compañeros de la Compañía de Jesús y abrir una escuela teológica nueva. De hecho, los propios tomistas formaron también un grupo cerrado ante la interpretación de Domingo Báñez sobre santo Tomás de Aquino, abandonando el tomismo abierto de Vitoria y volviendo a las disputas internas acerca de las interpretaciones de Cayetano, Escoto o Lombardo, y otras cuestiones menores.

Indudablemente, como afirma el profesor Juan Belda, buen conocedor de la Escuela de Salamanca, también influyó que en la segunda Escuela de Salamanca hay un voluntario olvido de las fuentes de la teología que marcaban los «lugares teológicos», centrando los temas del estudio en la vuelta a santo Tomás de Aquino.

Citaremos primero a Bartolomé de Medina (1527-1581), catedrático de Prima en la Facultad de Teología de Salamanca, autor de unos *Comentarios a la «Suma teológica» de santo Tomás de Aquino* como fruto de sus clases tanto en Salamanca como en París. Asimismo, su tratado sobre la confesión sacramental se hizo famoso pues fue atacado por los jesuitas y por los jansenistas achacándole deficiencias en su teología moral y acusándole de ser el padre del «probabilismo moral». Cuestión todavía abierta, aunque sin la menor actualidad temática.

Domingo Báñez (1528-1604), discípulo de Melchor Cano y condiscípulo de Bartolomé de Medina, estuvo varios años de profesor en Salamanca para partir al convento de santo Tomás de Ávila, donde fue confesor de santa Teresa de Jesús y colaborador teólogo de sus fundaciones. Ocupó cargos importantes en la orden y fue rector de san Gregorio en Valladolid y sirvió como teólogo censor a la Inquisición tanto en el tribunal de Salamanca como en el de Valladolid. Finalmente, obtuvo la cátedra de Prima de la Facultad de Teología de Salamanca hasta su jubilación pocos años antes de morir. Además de la disputa *De auxiliis*, de la que hablaremos al final del capítulo, publicó interesantes comentarios a la *Suma teológica*, una *Relección sobre el mérito y el aumento de la caridad* (Salamanca, 1590) y una *Apología adversus Ludovici Molina* (Madrid, 1595). Como comenta el profesor Juan Belda, su teología es muy fiel a santo Tomás de Aquino ahondando en cuestiones metafísicas que irá elaborando a raíz de las disputas *De auxiliis* en las que pondría toda su inteligencia y ardor teológico como si estuviera en juego el prestigio del tomismo, más que el de la Escuela de Salamanca.

A continuación, hablaremos de tres grandes autores jesuitas: los dos primeros, verdaderos discípulos de Vitoria y, un tercero, Francisco Suárez, que se considera fundador de la nueva Escuela de la Compañía. Se mantuvieron fieles a los principios de Vitoria y llevaron sus conclusiones por el mundo entero. De todas formas, serán tomistas eclécticos hasta después constituir una escuela diferente.

Francisco de Toledo (1532-1596) estudió en Salamanca donde conoció a Domingo de Soto al que siempre se mantuvo como fiel discípulo. Allí aprendió el método de la Escuela de Salamanca y conoció a fondo a los grandes maestros. Se sentía plenamente identificado con ellos. De hecho, en sus obras se observa cómo manejaba con gran soltura los «lugares teológicos». Enseguida fue llamado a Roma donde fue profesor del Colegio Romano de los jesuitas (1559-1569) explicando la *Suma teológica* de santo Tomás completa con constantes citas a Soto del que había leído todas sus obras.

Los casos prácticos de moral que explicó también en el Colegio Romano fueron publicados y reeditados en su obra *Instructio sacerdotum,* un magnífico trabajo, especialmente los capítulos dedicados a la moral económica: contratos, restitución y usura, que sirvieron para descubrir la aportación de Salamanca a la filosofía moral o económica y, en especial, en materia de préstamos usurarios. Desde 1569 hasta su muerte trabajó al servicio de la Santa Sede y, finalmente, fue el primer jesuita de la historia creado cardenal.

Gregorio de Valencia (1549-1603) pertenece a la generación de jesuitas formados en la Escuela de Salamanca con Domingo de Soto, Mancio del Corpus Christi y Bartolomé de Medina que marcharon después a las universidades católicas de Alemania para recomponer el tejido universitario católico muy deteriorado tras la crisis luterana y el poco interés por el estudio de los protestantes de su tiempo. Trabajó en las universidades de Ingolstadt y Dilinga.

Mientras san Pedro Canisio trabajaba como teólogo controversista, Gregorio de Valencia lo hacía propagando la sólida doctrina del tomismo renovado que había aprendido en Salamanca, especialmente con el uso de los «lugares teológicos», pues los luteranos despreciaban el magisterio y la tradición y se quedaban solo con la Sagrada Escritura, además no completa. Finalmente, ayudó en algunos territorios alemanes fieles a la Iglesia católica, donde sus príncipes impusieron la reforma tridentina, como por ejemplo en Dilinga y otras ciudades de Baviera, a través de colegios para nobles, universidades, obras de misericordia, etc. Finalmente, regresó a Roma donde fue rector del Colegio Romano de los jesuitas y donde defendió al maestro Luis de Molina en la fase romana de la disputa *De auxiliis.* Sus obras versarán sobre comentarios a la *Suma teológica* de santo Tomás, exposiciones de la fe católica y tratados de controversia con los luteranos.

Francisco Suárez (1548-1617) es el representante más importante de la segunda escolástica y fundador de la escuela jesuítica del siglo XVII. Fue discípulo de Mancio del Corpus Chisti o Bartolomé de Medina, asimilado a la segunda Escuela de Salamanca hasta la disputa *De auxillis*, después de la cual, manteniendo un fondo tomista, giró en su interpretación de la metafísica al alejarse tanto de santo Tomás como de Vitoria.

Profesor de Teología en el Colegio Romano (1580-1585) y en Alcalá (1585-1593), fue nombrado catedrático de Prima de la Facultad de Teología de la Universidad de Coímbra (1597-1615). Falleció en Lisboa en 1617. Escribió obras fundamentales para la filosofía y teología de su tiempo, como las *Disputationes Metaphysicae* (1597), el *Tratado de Deo Uno et Trino* (1606), el *De religione* (1611), o el *De legibius ac Deo legislatore* (1612): una obra monumental sobre el derecho de gentes y la filosofía cristiana del Estado. Aquí se muestra como un continuador de Vitoria a quien desborda y amplía. Asimismo, en sus obras muestra un buen uso de los «lugares teológicos», estando dotado de una extraordinaria erudición. Finalmente, no fue tanto un maestro «de escuela», sino un teólogo integrador y crítico: para Suárez el derecho natural «procede de Dios por medio de su naturaleza, de la cual dimana como una propiedad suya» (*De Legibus*, I, 3, n. 11).

En el campo de la teología política debemos destacar su controversia con el rey Jacobo I de Inglaterra (*Defensio fidei*, 1613), que continuó la polémica iniciada por Roberto Belarmino para defender la libertad de conciencia de los católicos ingleses, obligados a prestar un «juramento de fidelidad» a su monarca, opuesto al reconocimiento de la autoridad del papa. En esta obra se confirma y perfecciona la vieja doctrina de la potestad indirecta y la legitimidad de la rebelión o la deposición del monarca, cuando se dieran algunas causas justificadas desde una perspectiva de los derechos humanos o el mantenimiento de la fe. No deja de ser una ironía que los «tolerantes» parlamentos de Londres o París mandaran quemar la *Defensio fidei* en Saint Paul Cross, junto a la catedral anglicana y en la plaza de París, porque precisamente criticaba el abuso del poder real en ambos países. Esto de nuevo confirma el soporte ideológico tan avanzado que propuso la Escuela de Salamanca en lo referente a la participación de los ciudadanos en el gobierno político o sobre los límites del poder real.

Las disputas sobre la gracia

Como hemos hecho algunas referencias a lo largo de este capítulo a la disputa *De auxiliis,* y hemos resaltado que fue esa discusión teológica lo que provocó una cierta ruptura en la Escuela de Salamanca, debemos añadir una sucinta explicación. Porque el buen entendimiento en el que trabajaban jesuitas y dominicos hasta finales del siglo XVI parecía preconizar la práctica desaparición de las escuelas teológicas, puesto que la gran mayoría de ellos concordaban con el estilo y método de Francisco de Vitoria y sus discípulos.

Sin embargo, cuando el dominico Domingo Báñez y el jesuita Luis de Molina comenzaron a disputar acerca de las relaciones entre la libertad y la gracia, empezaron a reaparecer los resabios característicos de las escuelas teológicas de antaño, en las que se disputaba y se utilizaba un argumento clave: *magister dixit,* es decir el argumento de autoridad (como dijo el maestro).

En esta disputa que se hizo universal, puesto que los discípulos de la Escuela de Salamanca estaban por todas partes, y en vez de aunar doctrinas se fueron separando, se perdió la unidad de estilo y método para volver a posicionarse según se fuera dominico o jesuita, o partidario de unos o de otros.

Resumamos la cuestión: los protagonistas fueron el catedrático de Salamanca, el dominico Domingo Báñez, y el profesor de la Universidad de Évora, el jesuita Luis de Molina. Unos destacaban el papel de la gracia en lo referente a la salvación de los cristianos, mientras que otros incidían en la necesidad de las buenas obras, enfatizando el ejercicio ascético de la virtud. Las discusiones llegaron hasta la excomunión mutua, motivo por el cual el papa reclamó la disputa para sí. Finalmente, el también jesuita

Francisco Suarez, el mejor teólogo del momento, fue llamado a Roma para dilucidar la cuestión. El santo padre Clemente VIII terminó por prohibir en 1607 toda discusión al respecto y dejó abierta la cuestión, aunque recomendaba profundizar en el concepto de gracia «congrua» (o «suficiente», según las circunstancias de cada persona) tal y como asentaba Suarez.

CAPÍTULO 11

VITORIA Y EL NACIMIENTO DEL CAPITALISMO

El siglo XVII fue en Europa el siglo de las rupturas. En primer lugar, se consolidó la ruptura de la unidad de la fe católica que terminó por atomizarse en multitud de iglesias por toda Europa, de las que terminaron por permanecer los anglicanos, protestantes de diversas escuelas, el calvinismo o los pietistas.

Enseguida se produjo una ruptura entre teología y derecho que produjo el positivismo jurídico: puesto que había diversas confesiones religiosas que pugnaban entre sí, se hacía necesario un orden jurídico independiente de la religión que se apoyara sobre la dignidad de la persona humana sin mayor calificativo, como si se volviera al derecho romano.

Este positivismo jurídico terminaría por codificarse en los códigos napoleónicos: civil, comercio, penal, derecho canónico, etc., que fueron copiando según sus esquemas los diferentes países para comparar los diversos temas comunes y las leyes particulares. Mas recientemente se ha ido creando un derecho comunitario para dilucidar las cuestiones entre Estados miembros y las diversas administraciones con la Comunidad Europa.

Se entiende que Francisco de Vitoria fuera invocado por unos y otros, puesto que era un autor que se había enfrentado a la autoridad de Carlos V, a la teocracia pontifical que había usado el papa Alejandro VI y que en sus razonamientos unía filosofía, derecho y teología y todo lo hacía depender de la dignidad de la persona humana. Así pues, cuando el jurista holandés Hugo Grocio citaba a Vitoria y lo presentaba en el mundo jurídico europeo, «solamente» añadía que la libertad de comercio vitoriana era «independientemente del credo religioso».

La Reforma y la economía

Han pasado ya muchos años desde que el sociólogo y economista alemán Max Weber (1864-1920) publicara su trabajo *La ética protestante y el espíritu del capitalismo* (1905). Se trata, como es bien sabido, de una famosa investigación sobre el influjo decisivo de la ética protestante en el origen del capitalismo del siglo XVII y, en concreto, de su íntima relación con las propuestas calvinistas.

Muy resumidamente, Weber vendría a decir que, desde la implantación y extensión del calvinismo en Europa, durante el siglo XVI-XVII, y coincidiendo con el inicio del pensamiento ilustrado y el racionalista, habría tenido lugar el nacimiento del capitalismo en lugares como Inglaterra, Escocia o los Países Bajos, de modo que llegaba a establecer una estrecha relación entre capitalismo y espíritu calvinista. Así lo ha resumido recientemente Martín Carbajo: «Uno de los indicadores más claros de predestinación habría sido el éxito económico, conseguido con esfuerzo, honestidad y diligencia. Se sentaban así las bases para justificar la acumulación de la riqueza y las crecientes desigualdades sociales. El tener mucho más que los otros, será visto como signo de predestinación, no como egoísmo o avaricia».

Desde el punto de vista teológico la relación se establecería en la doctrina de la predestinación, según la cual algunos ya están salvados por Dios, hagan lo que hagan y, por tanto, no les haría falta preguntarse si se iban a alcanzar la salvación, ni pensar en obras meritorias, ni en el purgatorio, sino que les bastaría con solo confiar plenamente en Cristo y en su cruz salvadora.

Precisamente, a lo largo de los últimos años, a través de abundantes publicaciones y monografías de fuentes del siglo XVI, se ha ido desmontando tan redonda teoría para mostrar que las cosas en realidad son mucho más complejas. En efecto, la ciencia económica hasta Descartes abordaba las cuestiones de los llamados tratados *De iustitia*, desde la unidad de teología, filosofía, derecho y economía; pero al romperse la unidad de las ciencias, quedó la economía a merced de visiones simplificadas, resueltas en muchos casos sin rigor antropológico. En ese sentido, merece la pena recordar que para Weber la virtud de la pobreza cristiana era absurda, pues llegaba a afirmar que: «querer ser pobre es lo mismo que querer estar enfermo».

Así pues, las críticas a la teoría de Weber en cuanto se leen las fuentes son bastante obvias, pues este autor olvida tanto la fe que vivían los protestantes como la necesidad de la caridad que era inseparable del mensaje cristiano. También despreciaba Weber el desarrollo económico de países de mayoría católica o no calvinista y, sobre todo, ignoraba completamente las propuestas éticas de la Escuela de Salamanca que fecundaron la vida económica del momento y cuyas consecuencias llegan hasta el día de hoy.

En ese sentido, autores como Schumpeter o muchos seguidores de la Escuela Austriaca de Economía recuerdan que las ideas de la Escuela de Salamanca están detrás del comienzo y expansión del libre mercado en Europa del siglo XVI. Incluso podemos traer a colación otra crítica desde un lugar muy lejano, Canadá, y desde el ángulo de alguien que fue cercano al marxismo, el profesor Polanyi, quien afirmará, siguiendo el pensamiento clásico y mostrando su propio y característico modo de ver al hombre:

«Aristóteles tenía razón: el hombre no es un ser económico, es un ser social. Su objetivo no consiste en salvaguardar sus intereses particulares mediante la adquisición de bienes materiales, sino más bien asegurar el bien social, su estatus y la aprobación de sus congéneres».

La economía y la virtud católica

El profesor de la Universidad de Friburgo Servaus Theodore Pinckaers OP (1925-2008), uno de los grandes teólogos que renovaron la teología moral a finales del siglo XX, comenzaba su manual de teología moral fundamental recordando que el Concilio Vaticano II, al plantear una revisión de la teología moral a la luz de sus decretos y constituciones, utilizaba el mismo criterio que la Escuela de Salamanca del siglo XVI: *ad fontes*, es decir, el retorno a las fuentes de la teología, como elemento inspirador. Por tanto, la mirada del moralista para buscar orientación e ideas renovadas debe dirigirse siempre, en primer lugar, a la Sagrada Escritura e, inmediatamente, a la tradición apostólica, al magisterio de la Iglesia y al estrechamiento de lazos entre la moral, la dogmática, la espiritualidad, la pastoral, la filosofía y las ciencias humanas (Concilio Vaticano II, decreto *Optatam Totius*).

Precisamente, el éxito de la teología moral de la Escuela de Salamanca del siglo XVI fue el de devolver a la escolástica de la época el realismo de los problemas del momento mediante la unión del derecho y la teología, bajo la perspectiva de la dignidad de la persona humana, siempre fiel a su destino eterno y una insobornable ilusión por la honradez y coherencia con la verdad en el actuar humano.

De ese modo, a la moral de obligaciones, es decir, la escueta enseñanza y recordatorio de las obligaciones propias del cristiano, se le enfrenta una moral del seguimiento, del amor y de la imitación de nuestro Señor Jesucristo. De hecho, santo Tomas de Aquino en sus enseñanzas morales suele ser lacónico respecto a la obligación y, en cambio, muy ambicioso al escribir sobre la felicidad, como motor de la vida moral, siguiendo en esto a Aristóteles o a san Agustín, pues para ambos la voluntad se mueve por el bien y el hombre por la felicidad. Así pues, una teología moral basada en las virtudes y en la felicidad encuentra abundantes textos de apoyo en las bienaventuranzas proclamadas por Jesús en el Sermón de la Montaña y está también muy presente en las epístolas de san Pablo.

El fin último del hombre, aquel que se quiere de modo absoluto y debido al cual se ordena todo lo demás, es sencillamente amar a Dios sobre todas las cosas y al prójimo por amor a Dios. Así, recordemos con Pinckaers que «la moral es la ciencia que enseña al hombre el sentido de la vida». Idea que completa certeramente, señalando el problema de la llamada «manualística»: «si hubiera un reproche que hacer a estos moralistas, sería, más bien, el haber hinchado el estudio de la justicia y haberse entregado así a una concepción demasiado jurídica de la moral». Algo no muy extraño pues, precisamente, desde que la teología nominalista se hizo fuerte en los siglos XIV y XV con Guillermo de Ockham o Gabriel Biel, hasta la llegada de la Escuela de Salamanca y su influencia en el Concilio de Trento, el predominio escolástico fue ockhamista y, por tanto, la moral excesivamente juridicista.

En efecto, Pinckaers añadirá a continuación un elogio a la Escuela de Salamanca: «Con todo, es preciso rendir homenaje a los grandes teólogos españoles del siglo XVI, como Francisco de Vitoria, por sus estudios sobre la justicia, que fundaron el derecho internacional moderno». Además, esa teología renovada, con la vuelta a las fuentes, a la Sagrada Escritura y la tradición y con un santo Tomás leído y aplicado, iluminaron las leyes de Indias, el derecho de guerra o el problema de los pobres y, por tanto, fueron una aplicación de la teología a la vida real.

Es interesante lo que señala Pinckaers seguidamente sobre el maestro Vitoria: «Pero sus profundas visiones apenas se encuentran en los manuales posteriores, cuyas pretensiones son más modestas. Estos manuales se limitan al examen de los casos de conciencia; se interesan, ante todo, por la justicia conmutativa que regula las relaciones entre los individuos e impone obligaciones estrictas. Descuidan la justicia general que se refiere a las relaciones en la sociedad; y esto ocurría en la misma época en que los filósofos elaboraban nuevas estructuras para los Estados».

Flandes y el nacimiento del capitalismo

Finalmente deseamos referirnos a la situación en Holanda y los Países Bajos del norte desde finales del siglo XVI, cuando tuvo lugar un desarrollo económico muy fuerte y sostenido, a la vez que combatían contra España por alcanzar su independencia.

Comenzando por recordar que, tras la aparición de la Inquisición moderna en Castilla en 1478, fueron muchos los cristianos nuevos españoles y judíos que se marcharon al vecino reino de Portugal. Años después, cuando Felipe II en 1580 recibió por herencia legítima la corona portuguesa e instaló el tribunal inquisitorial en Lisboa, muchas de esas familias emigraron de nuevo, y esta vez lo hicieron a los Países Bajos donde había una extraordinaria colonia judía plenamente asentada y donde reinaba una cierta libertad religiosa. Todavía estaban bajo la soberanía española y comenzaban a experimentar un gran crecimiento económico.

Gracias a los recientes trabajos de los profesores de la Universidad de Utrecht, Maarten Prak y Jan Luiten, acerca de la historia económica de los Países Bajos, conocemos de primera mano la situación económica de Flandes desde finales del siglo XVI en adelante. Efectivamente, el centro económico de la zona comenzó por ubicarse en Amberes y, después de ponerse en marcha las comunicaciones fluviales, pasó a Ámsterdam en el siglo XVII y desde allí se mundializó tanto en dirección a América (comerciando primero con esclavos africanos), como hacia Asia por el mercado internacional de las especies, seda o porcelana en Oriente.

Indudablemente, el crecimiento de la economía de los Países Bajos fue un crecimiento sostenible y no fruto del azar o de un golpe de suerte, sino de otros factores: el aumento del tráfico en los puertos de la zona, la iniciativa privada para la construcción de barcos, las divisiones de herencias, o la desecación de marismas, ganando terreno cultivable —y habitable— al mar.

Aquí se daría una curiosa paradoja pues, al tiempo que en la Europa central y del sur los españoles hubieron de enfrentar diversas guerras contra Francia, los príncipes alemanes convertidos al luteranismo o los rebeldes estados flamencos ahora de religión calvinista, a la vez las redes comerciales europeas pudieron mantener su actividad. Aquellos ejércitos de Carlos V, Felipe II y Felipe III con los gloriosos tercios —o también con mercenarios extranjeros— de algún modo facilitaron la globalización de la economía, manteniendo a pesar de todo el tráfico marítimo, fluvial y por carretera que sostenía una razonable «confianza» en los mercados. Es interesante descubrir que, incluso en los momentos más difíciles de la independencia de los Países Bajos, la economía seguía creciendo a unos niveles importantes. Después, con la nueva república de Provincias Unidas, el crecimiento se mantuvo gracias a su política monopolística en el tráfico de la seda, especies o porcelana con China y la India a través de la Compañía de las Indias Orientales. Igualmente, se enriquecieron por el control del mercado esclavista que demandaban las nuevas colonias inglesas en América.

Otro de los factores determinantes del constante crecimiento económico de los Países Bajos fue el mantenimiento de aquellos bajos tipos de interés que propiciaba Francisco de Vitoria y la escolástica del momento, gracias al cual se pasó del 20 % anual a tasas del 3 % o 5 % anual.

El capitalismo en la doctrina católica. La hipótesis de Max Weber

La equiparación entre mercado libre y capitalismo sigue siendo uno de los debates más interesantes entre los historiadores de la economía del siglo XVI. Es cierto que —en un primer momento— junto al crecimiento de la libertad de mercado en general en toda Europa a partir del siglo XVI, comenzó a darse en algunos lugares esa patología de la economía: el enriquecimiento desmesurado al que los pensadores de todos los tiempos habían opuesto la afirmación de Jesucristo: «Es más fácil que un camello pase por el ojo de una aguja que un rico entre en el reino de los cielos» (Mt 19, 24). Pero es una aparente contradicción, ya que en la mayoría de los casos la libertad económica ha propiciado una mejora de las condiciones de vida y una constatable disminución de la pobreza (quedando además mejor repartida la propiedad): como lo demuestra cualquier análisis objetivo sobre la ineficacia e injusticia de las políticas estatalistas de uno u otro signo, y muy particularmente la desastrosa experiencia comunista.

En el siglo XVI coexistieron en embrión ambas concepciones de la nueva economía naciente, tras la desaparición de los banqueros judíos en Europa y la consolidación de los préstamos «en precario» que autorizaron los teólogos moralistas o canonistas salmantinos (doctrina luego extendida al resto de las iglesias nacidas en la Europa moderna, tras la ruptura de la unidad de la fe propiciada por Lutero, Calvino o Zwinglio). Sin desatender el mensaje evangélico sobre la preocupación por los pobres, nuestros doctores se apoyaban en otras muchas enseñanzas de Jesucristo que de ningún modo condenaba la actividad económica como cauce adecuado para conseguir una más justa distribución de la riqueza (siguiendo además el mandato bíblico: «creced y multiplicaos»). Una correcta lectura de sus parábolas nos acerca a este más correcto entendimiento de cómo el progreso material se puede llevar a cabo mediante un legítimo enriquecimiento personal. Citemos por ejemplo la alegoría de los talentos, con esa recriminación: «Debías haber puesto mi dinero en el banco para que, al volver yo, pudiera recoger lo mío con los intereses. Quitadle el talento y dádselo al que tiene diez» (Mt 25, 27).

Como bien explica el sacerdote Robert Sirico (*La economía de las parábolas*), es preciso superar una interpretación maniquea sobre el progreso económico, tan frecuente en muchos entornos católicos. La riqueza no es mala, siempre que se adquiera por métodos honestos, pues permite ejercitar la virtud cristiana de la caridad. Un mundo igualitario acaba en la miseria generalizada, como recordábamos unas líneas atrás. Sin embargo, el crecimiento económico en la España (y Europa) de los siglos XVI al XVIII permitió ese sorprendente ejercicio de compartir los bienes que fueron las numerosas fundaciones de hospitales para pobres, asilos de ancianos y hospicios para niños abandonados, colegios mayores para estudiantes universitarios sin recursos o escuelas para menesterosos, etc.

Volviendo a la teoría de Max Weber acerca de que el calvinismo habría preconizado y acelerado el capitalismo como efecto de su doctrina sobre la predestinación, los referidos autores Maarten Prak y Jan Luiten sostienen que es dudosa su aplicación a los Países Bajos. Según ellos, los datos que justifican el sostenimiento del crecimiento económico con base en la nueva religión apenas serían la disminución de los días de fiesta tras la proclamación de la república. Verdaderamente, el capitalismo tal y como lo entienden estos autores: «como una economía de mercado combinada con un trabajo asalariado a gran escala», ya existía en el siglo XV. Añadiendo que «la revolución la llevaron a cabo la burguesía y la comunidad de mercaderes, junto con los trabajadores asalariados de la flota marítima y los que rescataban las tierras al mar». La conclusión por tanto de nuestros autores es clara: «el protestantismo se abrió camino gracias a la sociedad capitalista que ya estaba presente en 1517 cuando Lutero inició el movimiento».

CAPÍTULO 12

GROCIO Y LA INFLUENCIA DE VITORIA EN EUROPA

Tras la revolución cartesiana el tomismo cayó en crisis en Europa, y con él los epígonos de la Escuela de Salamanca; no así el método de los «lugares teológicos» que mantuvo la enseñanza católica hasta el Concilio Vaticano II en algunas universidades o facultades de teología.

Como afirma el profesor Ramis: «El tomismo y el escotismo dejaron expedito el camino a Suárez y este a Descartes y la filosofía secular moderna. La escolástica, desde Galileo y Descartes, fue a remolque de la nueva filosofía natural, con una metafísica cada vez más abstracta y desconectada tanto de la física como del orden sobrenatural. En cierta manera, si puede decirse de este modo, los tomistas cayeron en las redes del escotismo y luego no supieron salir de ellas».

Asimismo, para Ramis el error de los escolásticos del siglo XVIII hasta Gilson —y causa de su derrota ante la filosofía moderna racionalista— habría sido consecuencia de abandonar gran parte de la doctrina tomista a la hora de enfrentarse a la filosofía cartesiana y a la ciencia moderna. Es decir, haber olvidado el equilibrio entre fe y razón y haberse hecho nominalistas y juridicistas: «un pensamiento vivo en un molde medieval». A lo que añadirá la traición suareciana en la composición del *ser* con «la distinción entre esencia y existencia», frente a «esencia y acto de ser» propio del original de santo Tomás; también a la poca atención sobre el misterio de la Trinidad que nace con Escoto; o al divorcio —en fin— entre lo natural y lo sobrenatural.

Hugo Grocio (1583-1645): un escolástico arminiano

Sin embargo, parte del pensamiento tomista habría de perdurar, paradójicamente, gracias a los autores racionalistas de la Europa moderna. Aunque no compartieran las doctrinas escolásticas, casi todos las conocieron: bien directamente o bien a través de una primera generación de filósofos, teólogos o juristas que todavía pudieron estudiarlas en sus universidades. Además, algunos de ellos incluso llegaron a citarlos. El objeto de este apartado es demostrar cómo el pensamiento de la Escuela de Salamanca era bien conocido en la Europa protestante del siglo XVII, en gran parte debido a la figura de Hugo Grocio, un jurista y diplomático holandés que en sus obras recoge decenas de textos de nuestros doctores.

El profesor Ramón Hernández lo ha estudiado en su biografía sobre Francisco de Vitoria, analizando en primer lugar el opúsculo *Mare liberum* (1609) de Grocio, en el que aparecen casi veinte referencias de Fernando Vázquez de Menchaca (1512-1569); el segundo autor más citado es Francisco de Vitoria, con diez referencias de sus obras más famosas, las *relecciones De Indis* y *De potestate civili*; y a continuación viene Diego de Covarrubias con seis citas. En cuanto a los otros dos libros de Grocio, copiamos por extenso a Hernández Martín: «En la obra *De iure praedae* cita de modo explícito a Vitoria sesenta y ocho veces, y cuatro más a Vázquez de Menchaca, y a Covarrubias treinta y cuatro que son los autores españoles más socorridos por el pensador holandés. La obra cumbre de Hugo Grocio y que inmortalizó su nombre en la historia de la filosofía del derecho es la *De iure belli ac pacis*, que publicó en París en 1625 [...]. Las veces que cita en esta obra a Vitoria son cincuenta y ocho; el segundo lugar lo ocupa aquí entre los autores hispanos Diego de Covarrubias, al que menciona de forma explícita en cincuenta y dos ocasiones, mientras que a Vázquez de Menchaca, que ocupa el tercer lugar, lo nombra expresamente treinta y una veces. Menos veces aparecen Domingo de Soto y otros teólogos juristas de la escuela española o de Salamanca (Francisco Suárez, Luis de Molina, Baltasar de Ayala, Domingo Báñez). Todo manifiesta el gran impacto de nuestra escuela en Hugo Grocio».

Llegados a este punto vamos a recordar, aunque sea brevemente, su biografía: Hugo Grocio nació en Delft (1583), una ciudad medianamente importante cerca de Róterdam, en el *zolder* de Holanda. Hijo de un burgomaestre intelectual, recibió una cuidadosa educación: destacaría muy pronto por sus conocimientos de las lenguas y literatura clásicas, sus estudios de filología o por sus tempranas composiciones poéticas. De manera que ingresó con once años (1594) en la Universidad de Leiden, y en 1598 se doctoró en Derecho por la Universidad de Orleans. Entre 1599 y 1606 trabajó en diversos bufetes de La Haya, incorporándose también a la actividad pública: en 1607 fue nombrado *advocaat fiscaal* para la provincia de Holanda, y en 1613 es consejero pensionado de Róterdam, cargo que le daba asiento en los Estados Generales de la provincia de Holanda (y más tarde en los de las Provincias Unidas), donde ejerció de secretario del gran consejero pensionado Johan van Oldenbarneveldt.

Su carrera política se vio truncada a consecuencia de los conflictos religiosos entre calvinistas ortodoxos y arminianos, que le llevaría a la cárcel en 1618. Logró escapar en 1621 gracias al ingenio de su esposa, y se refugió en Francia, donde fue bien recibido en los círculos políticos y académicos, publicando allí el *De iure belli ac pacis* (1625). Pasará el resto de su vida en el exilio, a pesar de haber intentado regresar a Holanda en 1631. En París fue embajador de la reina Cristina de Suecia, viajando a Estocolmo en varias ocasiones. Falleció en Rostock el año 1645, tras haber naufragado al cruzar el Báltico.

Su obra más importante *De iure belli et pacis*, la dedicó a Luis XIII de Francia, bajo cuya protección vivía y enseñaba, y complementa el tratado más breve *Mare liberum*, obra por la que recibió el título de fundador del derecho internacional. En ambos trabajos la influencia de Vitoria es notoria: su pensamiento y el de Soto, que hemos enunciado en las páginas anteriores acerca de las relaciones jurídicas o económicas entre cristianos e infieles (por ejemplo, en el caso americano), serán utilizados, posteriormente por Grocio y otros autores ya no católicos. Pero que estarían reconociendo cómo el derecho natural, derecho de gentes y el derecho internacional son independientes del catolicismo y, por tanto, aceptables para cualquier pensador de otra religión e incluso por aquel que no poseyera ninguna.

De hecho, Vitoria, Grocio o un tercer autor, Alberico Gentili, se reconocen como los fundadores del derecho internacional, respetando el orden jurídico propio de cada una de las naciones. Además, tanto Grocio como Gentili vivieron la ruptura de la armonía entre teología y derecho y, por tanto, el nacimiento del positivismo jurídico que ha llegado hasta nosotros: su objetivo fue encontrar una doctrina de moral natural o un derecho positivo racional válido para calvinistas, judíos, católicos o luteranos.

En esa búsqueda, fueron muy importantes las reflexiones económicas de la Escuela de Salamanca, en las que se apoyaron. Por ejemplo, Hugo Grocio, en su tratado *Mare liberum*, tomará los argumentos de Vitoria o Covarrubias para salvaguardar el libre comercio, y reivindicará para los holandeses el derecho a comerciar con el Nuevo Mundo, evitando el monopolio español. Igualmente, defenderá las relaciones mercantiles de Holanda con el Lejano Oriente, esta vez a costa del monopolio portugués, empleando en ambos casos los razonamientos esgrimidos por Vitoria para justificar la presencia española en las Indias. Sin embargo, debemos señalar —como dijimos atrás— que los holandeses terminaron desarrollando un monopolio mucho más rígido al de las naciones ibéricas, a través de su Compañía de las Indias Orientales.

También es interesante rastrear la doctrina de la guerra justa expuesta por Vitoria en sus *relecciones*, citada literalmente en las obras de Hugo Grocio, para comprobar cómo las sigue punto por punto. En cualquier caso, hagamos notar que, ante la duda sobre la justica de una guerra, tanto defensiva como ofensiva, los súbditos han de seguir las órdenes del monarca que tendría toda la información pertinente —y toda la responsabilidad— para tomar esa decisión. Este asunto tiene su importancia, pues tanto Vitoria como Grocio aseguran que si se demostrara la injusticia de una guerra, el monarca culpable debería indemnizar al agredido, pues sería una falta contra el orden internacional, y requeriría reparación para ser perdonada. Lógicamente, las disparidades entre Hugo Grocio y Vitoria se darán cuando traten de cuestiones históricas y —sobre todo— de conjunción entre la teología y el derecho, donde aparecerán disparidades evidentes por proceder de una matriz religiosa y de una época histórica diversa.

Vitoria partía de la base de la imposibilidad de llegar a un acuerdo para la constitución de un gobierno civil universal, por lo que se contentaba con un sistema jurídico con el que se relacionaran y respetaran las naciones. También para Grocio, la definición del derecho internacional sería la de «un derecho entre estados» pues, entre otras cuestiones: «no existe una fuerza superior a la estatal». De hecho, para Vitoria, Grocio y Gentili: no existirá nunca una monarquía ni un poder civil universal. Del mismo modo que el papa no era señor de todo el mundo en el ámbito político.

Otros autores que citan a Vitoria y la Escuela de Salamanca

Ya que hemos hecho una referencia a Hugo Grocio, también debemos hacerla sobre otro de los padres del derecho internacional, Alberico Gentili (1552-1611), autor del tratado *De iure belli ac pacis* (1589) sobre dicha materia.

Al igual que vimos con Grocio, las citas de Vitoria y Covarrubias son abundantes en las obras de Gentili para poder afirmar la continuidad de la doctrina sobre la guerra justa y las relaciones entre las naciones. En cualquier caso, Gentili comienza por establecer que la diversidad de religión no debería ser motivo para establecer una guerra o romper una relación comercial, ni tampoco ser causa para perder el dominio de los bienes, como atestigua recordando a Vitoria o Covarrubias. Asimismo, subrayará, con argumentaciones de Vitoria y de la escuela teológico-jurídica de Salamanca, la importancia de poner todos los medios para evitar una guerra y más entre naciones cristianas.

También es interesante recordar que otros autores contemporáneos de Grocio y Gentili, más imbuidos en la ilustración francesa e inglesa, como Jean Bodin (1530-1596) veían la guerra desde un ángulo meramente político, al estilo de la ciencia política de Maquiavelo y, por tanto, comprenden la guerra y la paz como elementos normales en las relaciones internacionales. Así, las naciones deben mantener ejércitos preparados para combatir con otras naciones, cristianas o no, para romper monopolios, mejorar sus rutas comerciales o llevar a cabo cualquier abuso de poder sobre los indígenas de sus tierras coloniales (claramente, hay que situar estos principios en las antípodas de la Escuela de Salamanca). Otros pensadores defendieron una postura intermedia, como el danés Enrique Ranzovius (1526-1598) que era más pacifista, aunque exhortaba a estar siempre preparado para la guerra, y que influyó en otro jurista famoso, Juan Althusius (†1638).

En el mundo de la ilustración inglesa conviene recordar a Robert Filmer (1588-1653), firme partidario del absolutismo regio y, por tanto, del derecho divino, que sostiene la monarquía (negando por supuesto la justificación del tiranicidio, de cualquier limitación al poder real, o de que el pueblo pueda elegir a sus gobernantes, puesto que ya están debidamente puestos ahí por Dios). Para explicar su doctrina citó abundantemente a Francisco Suarez y Roberto Belarmino, denigrándolos por católicos, escolásticos y papistas. Obviamente, esas referencias tan abundantes nos demuestran que conoció bien la doctrina escolástica... aunque fuera para criticarla. Es por ello por lo que podemos afirmar, con toda seguridad, que el pensamiento de la Escuela de Salamanca era conocido en la Europa central y del norte, aunque poco a poco sus intelectuales dejaron de reconocer esta formación escolástica.

Un ejemplo muy claro es el de John Locke (1632-1704), considerado el padre del constitucionalismo moderno, el contrato social o la división de poderes. Sus primeros escritos sobre estas materias iban dirigidos a criticar, precisamente, los argumentos absolutistas de Filmer. Con la ironía de que precisamente allí se encuentran las tesis preliberales de nuestros jesuitas escolásticos. De manera que es evidente que Locke, junto a los autores siguientes de la Ilustración escocesa, pudieron conocer el pensamiento de Suárez, Mariana o Belarmino. Pero no se atreverían a citarlos directamente —como sí habían hecho Grocio y Gentili— debido a la intolerante política de la monarquía inglesa en cuestiones de religión.

Otro ejemplo muy característico, ya a finales del siglo XVIII, es el caso de Adam Smith (1723-1790), considerado padre del liberalismo económico por su defensa de la propiedad privada, del libre mercado o del ajuste de los precios según la oferta y la demanda. Sin embargo, según Grice-Hutchinson, en realidad esa doctrina sobre el precio justo («el que acuerdan en la plaza compradores y vendedores») se había extendido por toda Europa gracias a los manuales *De iustititia et iure* de la Escuela de Salamanca, citados un siglo después por Grocio o Gentili (este último, profesor en Oxford). Estos autores del siglo XVII todavía eran bien conocidos en Gran Bretaña y Escocia pasados más de cien años, como podemos comprobar en el siguiente párrafo de Smith referido a Hugo Grocio: «Grotius parece haber sido el primero que intentó dar al mundo algo semejante a un sistema regular de jurisprudencia natural, y su tratado sobre las leyes de la guerra y de la paz, con todas sus imperfecciones, tal vez es, hoy por hoy, el trabajo más completo en esa materia». Es claro que si Adam Smith leyó con atención a Grocio, como él mismo afirma, no tuvo más remedio que conocer las abundantísimas referencias a nuestros doctores escolásticos que aparecen en las obras del jurista holandés.

Claro, estamos viviendo ya los tiempos del positivismo, que se introducirá en el mundo económico empleando ese nuevo método científico y matemático, en vez de aplicar los criterios de la prudencia, la reflexión o la recta razón. Como ha estudiado el profesor Rasmussen de la Tufts University, realizando una exhaustiva comparación entre los filósofos escoceses David Hume (1711-1776) y Adam Smith, el clima religioso que se vivía en el siglo XVIII en las islas británicas contrastaba con las ideas deístas o descreídas de estos dos autores ilustrados. Por tanto, la separación con la Escuela de Salamanca es indudable: para Vitoria el derecho y la economía han de hacerse mirando la opinión de la filosofía moral y el interior de las conciencias.

En la obra de Hume, según Rasmussen, «podemos alcanzar un grado considerable de conocimiento probable sobre el mundo y sobre nosotros mismos por medio del método experimental, de ahí la necesidad de formular una nueva ciencia humana». Y enseguida añade: «Hume reduce drásticamente el papel de la razón en la vida humana, y lo compensa con una expansión enorme del papel de las costumbres, los hábitos, las pasiones y la imaginación (…). La idea de que la experiencia es la única fuente fiable de conocimiento sugiere que estamos solos, sin más guía que nuestra capacidad de entendimiento frágil y propensa al error». De este modo, cualquier referencia a un Dios trascendente quedaría apartada del nuevo método científico.

CONCLUSIONES

Después de haber hablado pormenorizadamente acerca del pensamiento de Francisco de Vitoria y de las características esenciales de la Escuela de Salamanca, sería conveniente reflexionar en estas líneas conclusivas sobre cuál podría ser el modelo de hombre para el siglo XXI que sugieren sus escritos.

Nos fijamos en «un modelo de hombre» y no en un estilo de hacer teología o cualquier otra cosa, sencillamente porque pensamos que la sustancia del pensamiento de Francisco de Vitoria estriba en revalorizar la dignidad de la persona humana y, por tanto, incentivar la libre circulación de personas en el mundo, la trasmisión de la fe católica, compartir los bienes materiales y espirituales o la fraternidad universal.

Así pues, deberíamos aprender de Vitoria a no ver los mercados, la economía o el progreso con miedo, meditando solo el referido texto del Evangelio «es más fácil que un camello pase por el ojo de una aguja que un rico entre en el reino de los cielos» (Mt 19, 23). Lo que Vitoria subrayará con su vida y con su doctrina será el texto de la también citada parábola de los talentos, para que todos los hombres aprendan a «negociar mientras vengo» (Lc 19, 3) y que puedan escuchar: «porque fuiste fiel en lo poco entra en el gozo de tu señor» (Mt 25, 23). Es decir, desarrollar, con la gracia de Dios y el ejercicio de la libertad los talentos humanos y espirituales recibidos de Dios para contribuir al bien común de la propia familia, de la sociedad en la que uno vive y del mundo entero.

Casi podríamos hablar de una llamada a la santidad en esas actividades mercantiles, mediante el esfuerzo de sacar adelante la propia familia y a través de ella el bien común, con un corazón desapegado de la avaricia. Por tanto, Vitoria estaría preconizando un humanismo de nuevo cuño, que resulta muy interesante para nuestra época, y que nacería de la vuelta a los clásicos griegos y latinos, como en el Renacimiento del siglo XVI. Pero a la vez más estrechamente unido a un cristianismo interior, de modo que igualmente podemos aventurar que los doctores salmantinos anticiparon la moral cristiana del siglo XX: «la vida en Cristo», abominando de las religiones culturales y extrínsecas que fueron objeto de crítica y burla por la Ilustración y el deísmo hasta Nietzsche y Hegel.

La honradez para Vitoria radicaba en la conciencia personal de cada uno de los cristianos. De ahí que, junto a los criterios morales razonados en sus clases de teología o la revisión de los manuales de confesores para los mercaderes, en realidad lo que se trataba no era de casuística sino de formación de la conciencia. Por ejemplo, recordando la necesidad de la restitución para alcanzar el perdón de los pecados, pues sin restitución no hay justicia. Lógicamente, siguiendo a santo Tomás, Vitoria recordaba que la restitución se hace poco a poco: incluso tuvo que corregir a Bartolomé de Las Casas quien, en su *Confesionario,* llegó a exigir contra el derecho y la teología la restitución antes de recibir la absolución sacramental. En cualquier caso, Vitoria recordará, siguiendo a santo Tomás y a los demás tratadistas, que la mejor restitución para un mercader es siempre pagar las deudas en el plazo previsto.

Asimismo, la honradez está en el equilibrio (*in medio virtus*, hemos escrito) entre la justicia conmutativa y la distributiva, es decir: en dar a cada uno lo que le pertenece, en promover el bien común, no participar en monopolios o respetar los precios de mercado.

Es interesante comprobar cómo Vitoria y sus discípulos conjugaron la justicia con la caridad en el orden social. Hemos expuesto extensamente que los salmantinos se enfrentaron a los problemas de la pobreza y la emigración como también está sucediendo en la actualidad.

Podemos imaginar que Francisco de Vitoria se encontraría cómodo en nuestra Unión Europea, liderando la construcción de una sociedad con raíces cristianas y abierta a todas las culturas y razas, pero respetando esa libertad y esa cultura milenaria, que es la civilización occidental, viva desde hace más de dos mil años. Vitoria y la Escuela de Salamanca intuyeron lo que ya es una necesidad imperiosa: recuperar el sentido de la confianza en el hombre, en Dios y en la naturaleza. Construir juntos en una comunidad plurinacional un nuevo humanismo, que no se limita a una nueva ética empresarial, sino que cree en la dignidad de la persona humana como hijo de Dios y en la construcción de una comunidad en crecimiento, siempre en continua expansión.

BIBLIOGRAFÍA

1. Principios generales

Melquiades Andrés, *Historia de la mística de la edad de oro en España y América*, BAC, Madrid, 1996.

Melquiades Andrés, *Pensamiento teológico y cultura. Historia de la teología*, Atenas, Madrid, 1989.

Giuseppe Alberigo, *Historia de los Concilios Ecuménicos*, Sígueme, Salamanca, 1993.

Francisco Martín Hernández y José Carlos Martín de la Hoz, *Historia de la Iglesia. Edad Moderna*, Palabra, Madrid, 2001.

Francisco Martín Hernández y José Carlos Martín de la Hoz, *Historia de la Iglesia en España*, Palabra, Madrid, 2009.

Francisco Martín Hernández, *Iniciación a la Historia de la Iglesia*, Sígueme, Salamanca, 2008.

Llorenç Sagalés Cisquella, *Justicia y derecho en los Padres de la Iglesia*, CEU Ediciones, Madrid, 2023.

Robert Sirico, *La economía de las parábolas*, Deusto, Madrid, 2024.

2. Ambientación histórica

AA. VV., *Isabel La Católica y la política,* Ámbito, Valladolid, 2001.

Paulino Castañeda, *La teocracia pontifical en las controversias sobre el nuevo mundo,* Universidad Autónoma de México, México, 1996.

Edward Chancellor, *El precio del tiempo. La verdadera historia de los tipos de interés,* Ediciones Deusto, Barcelona, 2024.

Fernando Díaz Villanueva y Alberto Garín, *Lutero, Calvino y Trento. La Reforma que no fue,* Sekotia, Madrid, 2022.

Ricardo García Villoslada, *Martín Lutero,* BAC, Madrid, 1976.

Angelo Gómez-Hortigüela, *Luis Vives entre líneas,* Bankcaixa, Valencia, 1993.

Thomas Kaufmann, *Martín Lutero,* Trotta, Madrid, 2017.

Henry Kamen, *España y la creación de la Europa Moderna. Siglos XVI-XVIII,* Espasa Calpe, Madrid, 2024.

Henry Kamen, *La Inquisición española. Una revisión histórica,* Crítica, Barcelona, 2000.

Jonathan Israel, *La judería europea en la era del mercantilismo (1550-1750),* Cátedra, Madrid, 1992.

Juan López de Palacios Rubios, *De las islas del mar Océano* (edición de José Carlos Martín de la Hoz), EUNSA, Pamplona, 2013.

Heinrich Lutz, *Reforma y contrarreforma,* Alianza Editorial, Madrid, 1992.

Miguel Alfonso Martínez de Echevarría, *La economía entre la sociedad y el Estado,* EUNSA, Pamplona, 2022.

Paolo Prodi, *Séptimo: no robarás. Hurto y mercado en la historia de Occidente,* Acantilado, Barcelona, 2024.

Dennis C. Rasmussen, *El infiel y el profesor. David Hume y Adam Smith, la amistad que forjó el pensamiento moderno,* Arpa Editores, Barcelona, 2018.

Manuel Rivero Rodríguez, *La España del Siglo de Oro,* Alianza Editorial, Madrid, 2024.

Maarten Prak y Jan Luiten Van Zanden, *Pioneros del capitalismo. Los Países Bajos (1000-1800),* Ediciones Pasado y Presente, Barcelona, 2023.

José Ignacio Tellechea, *El arzobispo Carranza y su tiempo,* BAC, Madrid, 1969.

Domingo Yndurain, *Humanismo y Renacimiento,* Cátedra, Madrid, 1994.

Stefan Zweig, *Castiello contra Calvino. Conciencia contra violencia,* Acantilado, Barcelona, 2005.

3. La Escuela de Salamanca

Juan Belda Plans, *La Escuela de Salamanca,* BAC, Madrid, 2000.

José María Beneyto, *La conquista, el imperio y la paz. Vitoria y Erasmo ante Carlos V,* Cátedra, Madrid, 2024.

Melchor Cano, *De locis theologicis* (edición de Juan Belda), BAC, Madrid, 2006.

Alejandro Chafuen, *Raíces cristianas del libre mercado,* Ciudadela, Madrid, 2009.

León M. Gómez Rivas, *La Escuela de Salamanca, Hugo Grocio y el liberalismo económico en Gran Bretaña,* Universidad Francisco de Vitoria, Madrid, 2020.

Marjorie Grice-Hutchinson, *La Escuela de Salamanca. Lecturas sobre teoría monetaria española,* Unión Editorial y Centro Diego de Covarrubias, Madrid, 2022.

Ramón Hernández, *Francisco de Vitoria*, BAC, Madrid, 1995.

Rafael Ramis Barceló, *La segunda escolástica. Una propuesta de síntesis histórica*, Dykinson, Madrid, 2024.

Luis Saravia de la Calle, *Instrucción de mercaderes* (edición de José Carlos Martín de la Hoz y León M. Gómez Rivas), Universidad Católica de Ávila, Ávila, 2019.

Este libro de
La Escuela de Salamanca.
Cuando el pensamiento español iluminó al mundo
se terminó de imprimir, en su primera edición,
el día 11 de abril de 2025
fecha del matrimonio de Carlos I e Isabel de Portugal
en una sala del Real Alcázar de Sevilla,
en una ceremonia oficiada por el cardenal Salviati,
legado del papa Clemente VII.